U0927073

江西省高校人文社会科学项目“乡村振兴视阈下生态农业与生态旅游业融合机制研究”（项目编号：JJ18111）

农旅融合促进乡村振兴机理与实证研究

钟漪萍◎著

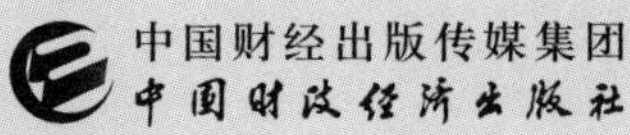

中国财经出版传媒集团
中国财政经济出版社

图书在版编目（CIP）数据

农旅融合促进乡村振兴机理与实证研究／钟漪萍著．
--北京：中国财政经济出版社，2021.3
ISBN 978-7-5223-0420-5

Ⅰ.①农…　Ⅱ.①钟…　Ⅲ.①观光农业－旅游资源开发－关系－农村经济发展－研究－中国　Ⅳ.①F592.68
②F32

中国版本图书馆 CIP 数据核字（2021）第 045352 号

责任编辑：胡　博　张晓丽　　　　责任印制：刘春年
封面设计：陈宇琰　　　　　　　　责任校对：胡永立

农旅融合促进乡村振兴机理与实证研究
NONGLÜ RONGHE CUJIN XIANGCUN ZHENXING JILI YU SHIZHENG YANJIU

中国财政经济出版社 出版

URL：http：//www.cfeph.cn
E-mail：cfeph@cfeph.cn

社址：北京市海淀区阜成路甲 28 号　邮政编码：100142
营销中心电话：010-88191522
天猫网店：中国财政经济出版社旗舰店
网址：https：//zgczjjcbs.tmall.com
北京财经印刷厂印刷　各地新华书店经销
成品尺寸：170mm×240mm　16 开　12 印张　179 000 字
2021 年 3 月第 1 版　2021 年 3 月北京第 1 次印刷
定价：60.00 元
ISBN 978-7-5223-0420-5
（图书出现印装问题，本社负责调换，电话：010-88190548）
本社质量投诉电话：010-88190744
打击盗版举报热线：010-88191661　QQ：2242791300

前言

在二元结构论思想导向的发展战略下，我国农村面临生产要素高速非农化、农村主体过早老弱化、村庄用地严重空虚化等农村凋敝现状。在此背景下，党的十九大报告提出了乡村振兴战略。农旅融合完美契合了乡村振兴战略对新时代乡村发展的总要求，农旅融合是实施乡村振兴战略的重要推动力，是实现乡村振兴战略的重要选择路径。基于此，本书以农旅融合促进乡村振兴为研究对象，将乡村振兴分解为“农业强、农村美、农民富”三个维度，依次研究农旅融合促进农村产业结构优化升级、推动农业生态效率提升及影响农民富裕的作用机理，并依次实证检验了机理分析假说。其中，将农村产业结构优化升级分为农村产业结构合理化和农村产业结构高度化两维度，探究其促进农村产业结构合理化和农村产业结构高度化的作用机理；研究不同水平的农旅融合作用于提升农业生产效率和减少有害环境要素是否存在差异，进而影响其对农业生态效率的提升功效的不同；探讨了农旅融合对增加农村居民收入和减缓农村贫困的作用，进而促进农民富裕的功效。最后，针对机理分析和本书所得实证结果提出了相应的政策建议。本书得出如下结论：

（1）农旅融合能够促进农村产业结构优化升级。在测算了2010—2017年农村产业结构合理化和农村产业结构高度化水平的基础上，本书实证检验得出农旅融合能够促进农村产业结构优化升级。影响机制上，农旅融合水平对农村产业结构合理化的促进作用不存在因经济发展水平的不同而发生变化；农旅融合水平对农村产业结构高度化的促进作用随经济发展水平的不同，作用大小发生改变。传导机制上，农旅融合通过两条传导途径促进农村产业结构优化升级：第一，发展农旅融合增加了消费需求，推进了农村产业结构优化升级；第二，发展农旅融合增加资本积累，促进了农村产业结构优化升级。

（2）农旅融合能够提升农业生态效率，且提升功效因农旅融合水平不同而存在差异。在采用包含非期望产出的超效率 SBM 模型测度了全国各地级市农业生态效率的基础上，本书实证检验了农旅融合水平对农业生态效率的非线性影响功效。研究结果表明，农旅融合对农业生态效率的提升功效呈现以融合水平为门槛的非线性特征，当融合水平低于门槛值时，对农业生态效率促进作用较低；在跨越门槛值后即融合水平较高时，农旅融合对农业生态效率促进作用非常显著且呈增强态势。进一步探究了农旅融合对农业生态效率的影响机制，研究了农业生产各投入要素对农业生态效率的提升作用，其中，农业劳动力、农作物播种面积、有效灌溉面积要素投入都伴随融合水平不断深入而不断减少，农药、化肥要素投入在融合初期并未减少，在跨越门槛值后迅速下降。

（3）农旅融合能够增加农民收入，减缓农村收入贫困，但其对农村多维贫困的减缓作用不显著。在匹配了 CFPS 数据与宏观数据的基础上，本书实证检验了农旅融合对增加农村居民收入的促进作用；在识别了各种程度的农村收入贫困和农村多维贫困的基础上，展开农旅融合对农村两类贫困减缓的实证检验。结果表明，农旅融合对减缓农村收入贫困效果非常显著，但是对于减缓农村多维贫困效果不明显；经济发展水平作为调节变量，能够正向调节农旅融合减缓农村收入贫困，但是对农村多维贫困的调节效用不显著。根据农旅融合对增加农民收入和减缓农村贫困的促进作用，得出了农旅融合能够实现“农民富”的结论。

（4）本书提出了农旅融合促进乡村振兴的政策建议：加强政府的宏观引导和微观支持，推进农业和旅游业在经济、生态和文化三方面融合等方式促进农旅融合深入发展；加大互联网普及率、打造“互联网 + 农旅融合”模式引导消费升级推进农村产业结构优化升级、因症施策促进农村产业结构优化升级、通过加强全国示范县评选支持力度等方式，有效推动农旅融合促进农村产业结构优化升级；通过完善农业生态化生产的规章制度体系、加强对农民的生态教育并树立可持续发展理念、加强生态农产品品牌创建、推进资源减量使用和循环使用等方式，助推农旅融合推动农业生态效率提升；促进旅游产业与文化产业融合驱动农旅融合提质提速发展、组织资本下乡、打造

"互联网+农旅融合+社会扶贫"模式、"三策并举"减缓农村贫困等方式，促使农旅融合实现农民富裕。

本书的创新之处在于：首先，在构建数理模型解析农旅融合对农村产业结构优化升级内在机理的基础上，实证检验了农旅融合对农村产业结构优化升级的功效并对这一提升功效背后的作用机理进行了解读。其次，在建立农旅融合促进农业生态效率提升的理论框架的基础上，验证了农旅融合对农业生态效率的提升功效并考察其背后的影响机制。再次，在构建数理模型分析农旅融合增加农民收入基础上，验证了农旅融合对增加农民收入的促进作用，接着，建立农旅融合减缓农村贫困理论分析框架，并检验农旅融合减缓不同农村贫困类型的功效。最后，在阐述乡村振兴最终目标基础上，从农旅融合促进农村产业结构优化升级、提升农业生态效率、实现农民共同富裕三方面，剖析农旅融合对乡村振兴的促进作用，在一定程度上丰富了农旅融合促进乡村振兴的理论基础。

目录

第1章 ◎

绪　　论

1.1 研究背景及意义

1.1.1 研究背景

长期以来，我国采取城市主导农村和工业主导农业的发展战略，城市发展水平无论在数量上还是质量上都取得了空前的进步，但广大农村地区的发展却一直较为缓慢，农村发展面临严峻的问题与挑战，城乡发展不平衡、农业农村发展不充分表现突出。在开启全面建成社会主义现代化国家伟大征程的历史背景下，党的十九大创新性地提出了乡村振兴战略。乡村振兴关系到我国能否从根本上解决城乡差别、乡村发展不平衡不充分的问题，习近平同志在2018年的中共中央政治局第三次集体学习上指出，“乡村振兴是一盘大棋，要把这盘大棋走好”。乡村振兴战略是解决我国“三农”问题的主要抓手，为从根本上解决“三农”问题提供了行动纲领，而产业融合是实现乡村振兴战略的重要路径（黄祖辉，2018）[1]。推进农村一二三产业融合发展，是深化农业供给侧结构性改革、推动乡村产业振兴的重要抓手，是促进农民持续增收、决胜全面建成小康社会的有效途径。2018年《乡村振兴战略规划(2018—2022年)》指出，“实现农村一二三产业深度融合发展，有利于推动农业从增产导向转向提质导向，增强我国农业创新力和竞争力，为建设现代化经济体系奠定坚实基础”。2013—2018年历年“中央一号文件”都提出要通过深化改革增强农村发展活力，激活农业农村内生发展动力，适应新时期农业农村发展要求。

旅游业是中国经济增长的绿色驱动力，环境是旅游业发展的核心竞争力(喻小航，2004)[2]，旅游业能倒逼环境改善、带动基础设施建设（Po和Huang，2008)[3]、增加就业岗位（Kadiyali和Kosová，2013)[4]、促进产业结构升级（Lee和Chang，2008)[5]、驱动区域经济增长（Balaguer和Cantavella-Jorda，2002；敖荣军和韦燕生，2006)[6][7]、减缓贫困（Croes和Vanegas，2008)[8]、缩小地区收入差距和促进地区经济的平衡增长（Blomström和Kokko，1999；Proença和Soukiazis，2008；Li et al.，2016)[9]-[11]。已有的大量文献与实践经验表明发展旅游业影响生态环境，旅游业的良性发展有利于经济发展、有利于缩小贫富差距。

2018 年的全国休闲农业和乡村旅游大会提出“实现乡村振兴，重在产业振兴，休闲农业和乡村旅游是乡村产业的重要标志，也是实现乡村产业振兴的重要措施”。根据中商产业研究院数据显示①，2012—2017 年我国休闲农业与乡村旅游经营收入增长十分迅速，从 2012 年的 2400 亿元增至 2017 年的 7400 亿元，年接待游客人数不断增加，从 2012 年的 7.2 亿人次增至 2017 年的 28 亿人次。具体情况如图 1－1、图 1－2 所示。

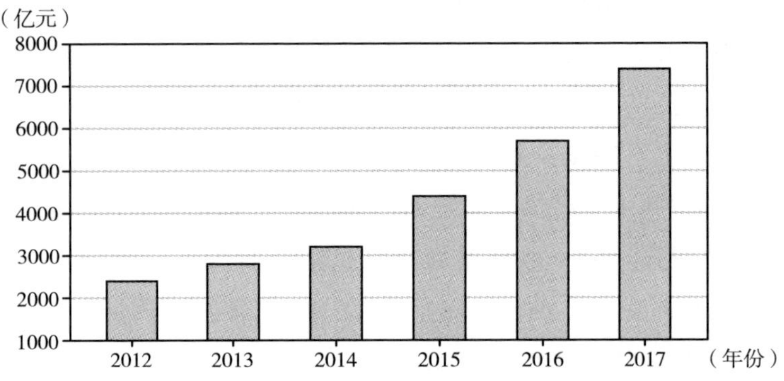

图 1－1　中国休闲农业与乡村旅游收入

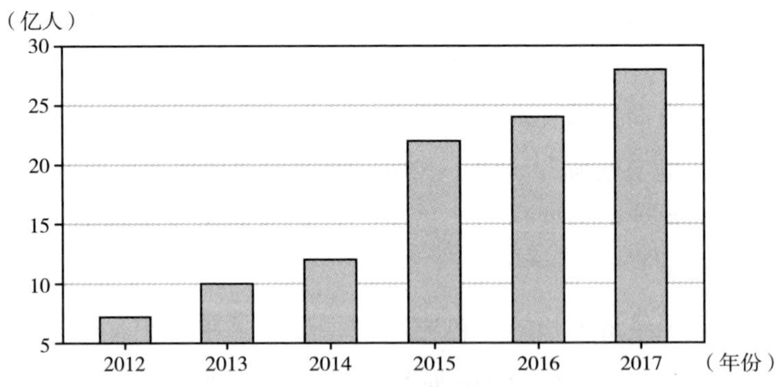

图 1－2　中国休闲农业与乡村旅游接待人数

图 1－1、图 1－2 表明我国休闲农业与乡村旅游市场增长迅速，国家发改委发布的《农村一二三产业融合发展年度报告（2017 年）》的结果也表

---

① 数据网址：http：//www. chyxx. com/industry/201809/677799. html。

明，2017 年全国农业与旅游业融合（以下简称“农旅融合”）的从业人员有 900 万，带动了 700 万农民共同致富。在乡村振兴背景下，发展农旅融合已经成为农业文化旅游“三位一体”、生产生活生态同步改善、农村一二三产深度融合的新产业、新业态、新模式。

我国广大农村生态旅游资源丰富，在农村产业融合的背景下加速农旅融合，发展农业旅游，能否推进农村产业结构优化升级？能否增强农村劳动力生态化意识以改善农村生态环境？又能否增加农村居民收入并减缓农村贫困？即农旅融合能否促进乡村振兴？

农旅融合是推动农村经济发展的主要抓手（李德明和程久苗，2005；周玲强，2018）[12][13]，是实施乡村振兴战略重要选择路径。目前学者们对乡村振兴战略的内涵、目标及战略导向研究较为丰富，有关农旅融合内涵、融合路径、融合水平测度的研究也较为广泛。但囿于农旅融合促进乡村振兴理论层面的研究，鲜有关于农旅融合如何促进乡村振兴，以及通过何种机制推进乡村振兴的机理与实证层面的研究。

1.1.2 研究意义

当前我国农村经济面临较为尴尬现状：一方面，受二元经济结构的影响，农村发展不平衡不充分现状较为突出，大力实施乡村振兴战略刻不容缓；另一方面，全国经济下行压力较大，具体而言：我国贸易出口增速下滑，依赖出口拉动经济增长有难度；过去依赖基础要素投入的粗放式生产方式带来的是高污染高消耗，现在必须转换经济增长方式，进行升级换挡。依赖政府“输血式”振兴乡村势必加大国家财政负担，因此依靠乡村自身的内生力量，走出一条“造血式”振兴乡村的道路，是乡村振兴的一条切实可行路径。农旅融合完美契合了乡村振兴战略对新时代乡村发展的总要求，是实现乡村振兴战略的重要选择路径。基于以上背景，本书在研究乡村振兴战略的内涵、目标、战略导向的基础上，探究农旅融合对乡村振兴的促进效应，剖析农旅融合通过何种机制推进乡村振兴，这为考量农旅融合对乡村振兴的贡献提供了新的研究视角，对助推乡村振兴战略实施具有重要理论和实践意义。

（1）理论意义

一是，本书深入分析了农旅融合的内涵和农旅融合的典型表现，解析农旅融合的内在机理，探析了农旅融合系统演化机制，有益于深化农旅融合理论的研究。二是，本书研究了农旅融合促进作用的形式，探究农村产业结构优化升级、农业生态效率提升和农民富裕与农旅融合的关系，有利于农村产业结构优化升级、农业生态效率提升和农民富裕实现的选择路径研究。三是，本书剖析了农旅融合对乡村振兴的作用机制，探究农旅融合如何实现乡村振兴的最终目标，以农旅融合为路径研究乡村振兴，丰富了乡村振兴战略的理论基础。

（2）实践意义

一是，本书在测度全国各地级市农村产业结构合理化和农村产业结构高度化的基础上，剖析农旅融合通过何种机制促进农村产业结构优化升级，设计出提升农村产业结构优化升级的政策机制，为各地级市政府促进农村产业结构优化升级提供政策参考。二是，本书在构建农业生态效率指标体系的基础上，采用包含非期望产出的超效率 SBM 模型，测度全国各地级市的农业生态效率，在深入探究农旅融合促进农业生态效率提升机制的基础上，进一步剖析农旅融合如何促进农业生态效率提升，设计出了提升农业生态效率的政策机制。三是，本书根据农旅融合促进乡村振兴的实证结果，设计相应的政策机制，发挥农旅融合对乡村振兴的作用效应，为助推乡村振兴提供指导。

1.2　文献综述

本书旨在研究农旅融合对乡村振兴的促进作用。乡村振兴的最终目标为“农业强、农村美、农民富”，乡村振兴体现为农村经济增长、农村生态环境改善和农民富裕，农旅融合对乡村振兴的贡献体现为农村产业结构优化升级、农业生态效率提升、农民收入增加和农村贫困减缓。因此，本书对乡村振兴、农旅融合、产业结构优化升级[①]、农业生态效率、旅游对城乡居民富裕（增加收入和减缓贫困）五大方面的研究现状进行综述及述评。

① 因农村产业结构优化升级文献较少，本书从产业结构优化升级角度开展相关文献追踪。

1.2.1 乡村振兴的研究现状

面对农村人口老龄化、农村空心化等乡村衰落问题以及城乡二元结构、城乡二元体制问题，党的十九大报告提出了乡村振兴战略。乡村振兴战略是对现实“三农”问题的一种呼应，是对社会主要矛盾变化的相应部署，是解决“三农”问题的总抓手（韩俊，2018）[14]。学界对乡村振兴进行了以下几方面的研究。

一是有关乡村振兴战略的理论解读。乡村振兴战略是解决我国社会主要矛盾的战略举措（刘合光，2018）[15]，乡村振兴战略并非要将中国城市化战略放缓，更不是要用其替代城市化战略。恰恰相反，乡村振兴战略必须置于城乡融合、城乡一体的架构中推进，并且应以建设新型城市化的战略来引领，树立“以城带乡”“以城兴乡”“以工哺农”“以智助农”“城乡互促共进”的理念，消除城乡二元结构，建立健全城乡一体、城乡融合机制，进而实现乡村振兴。乡村振兴战略是深入推进“三农”工作、化解新时代我国社会主要矛盾、实现农业农村充分发展、城乡均衡和融合发展的重大举措（黄祖辉，2018；杨玉珍和黄少安，2019）[1][16]。准确把握中国乡村振兴战略，首先要把握乡村振兴战略与城市化战略的关系，其次要把握好“二十字”方针①的科学内涵及其内在关系（黄祖辉，2018）[1]。乡村振兴战略是新农村建设内涵的深化（叶兴庆，2018）[17]，经济建设、文化建设、生态建设和福祉建设是乡村振兴的重要内容（张军，2018）[18]，推动乡村振兴应把握好粮食生产和结构调整的关系、农民主体和政府主导的关系、产业发展和生态保护的关系（冯海发，2018）[19]，陈文胜（2017）[20]把过去解决“三农”问题战略与乡村振兴战略进行对比，解读乡村振兴战略的新内涵。陈龙（2018）[21]认为乡村振兴战略是化解新时代主要矛盾、建设社会主义现代化强国、打破现代化进程中乡村衰落规律、深化城乡发展规律、破解城乡二元格局的必然选择。张晓山（2017）[22]将乡村振兴与新农村建设相比较，阐述了乡村振兴

① 党的十九大报告中提出实施乡村振兴战略的“二十字”方针，即“产业兴旺、生态宜居、乡风文明、治理有效、生活富裕”。

的内涵。姜长云（2018）[23]就乡村振兴战略要规避的几种倾向进行了阐述。叶敬忠等（2018）[24]认为乡村振兴的内容实质是农业、农村、农地与农民的“四农”问题。

二是有关乡村振兴战略的实施路径。实施乡村振兴战略必须坚持农业农村优先发展和城乡融合发展（熊小林，2018）[25]：首先，乡村振兴战略实施需要构建现代农业生产体系。农业的充分发展是促进国民经济增长的基础前提，乡村振兴战略必须补齐农业现代化短板（陈秧分，2018）[26]；陈锡文（2018）[27]以乡村振兴战略为背景探讨了如何实施农业现代化；周宏春（2018）[28]在分析农业可持续发展的重要性的基础上，认为乡村振兴必须走农业农村可持续发展的道路；张照新（2018）[29]认为乡村振兴战略必须把农业农村优先发展落到实处，推动农业供给侧结构性改革，推进农业现代化建设。其次，乡村振兴战略实施需要走城乡融合的道路。城市与乡村是一个有机体，必须走城乡可持续发展道路，城乡融合实现乡村振兴（刘彦随，2018）[30]；王景新和支晓娟（2018）[31]认为乡村振兴要走特色小镇和美丽乡村同步规划的道路；马历和龙花楼（2018）[32]构建了中国乡村和城镇化发展水平的指标体系，证实当前我国城乡协调度低，并提出城乡协同发展的路径。也有学者（游上和史策，2018；刘楝子，2017）[33][34]提出走民宿旅游、全域旅游的路径实现乡村振兴，借助乡村旅游引导乡村振兴（陆林等，2019）[35]。实施乡村振兴战略需注意与我国农村发展战略相衔接（杨玉珍和黄少安，2019）[16]，可借鉴美国乡村发展的经验实施乡村振兴（胡月和田志宏，2019）[36]，在乡村振兴战略实施过程中，基层政府发挥重要作用（张高军和易小力，2019）[37]，建立多元投入增长机制对乡村振兴战略意义重大（刘振伟，2019）[38]。

国内学者对乡村振兴战略的研究以理论分析（陆林等，2019）[35]为主，鲜有关于乡村振兴战略的实证分析，以及通过何种路径引导实现乡村振兴战略的内在机制的研究。

1.2.2 农旅融合的研究现状

产业融合的概念来源于西方 20 世纪 70 年代信息行业，麻省理工学院用三个重叠的圆圈来描述计算、印刷和广播三者的技术边界，认为三个圆圈的交叉处将成为成长最快、创新最多的领域。其后掀起了产业融合研究的热潮。植草益（2001）[39]认为，产业融合是由于技术进步和放松管制，改变了原有产业企业之间的竞合关系，导致产业界限的模糊化，甚至于重划产业界限；厉无畏（2002）[40]认为，产业融合是不同产业或同一产业内的不同行业相互渗透、相互交叉，最终融为一体，逐步形成新产业的动态发展过程。20世纪90年代，日本农业专家今村奈良臣首次提出的农村一二三产业融合理论，开启了农村产业融合的新视野。我国学者也对农村产业融合进行了研究。如，梁伟军（2011）[41]研究了农村产业融合的四种类型：渗透型融合、整合型融合、交叉型融合、综合型融合；马晓河（2015）[42]探讨了农村各生产要素跨界集约化配置，以及如何实现农村产业链融合延伸的问题；姜长云（2015）[43]认为农村产业融合是通过各种融合路径，优化重组各产业。

农旅融合最早开始于1850年德国“市民乐园”，1919年德国颁布的《市民农园法》成为世界上最早制定法律来规范农旅融合的国家（秦秀红，2010）[44]。国外学者Privitera（2009）[45]探讨了农业旅游中的生态原则，分析了环境保护和自然景观保护的重要性。Phillip等（2010）[46]分析了非工作农场农业旅游、被动接触式工场农场旅游、间接接触式工场农场旅游、演示农业旅游和正宗农业旅游等5种休闲观光农业旅游的特征。Fatimah（2015）[47]考察了乡村旅游活动对文化可持续性相关景观要素的影响，并指出不受控制的旅游发展将导致其发生变化。Guo and Sun（2016）[48]探讨了有利于扶贫的乡村旅游政策。Christou等（2018）[49]认为，有关乡村旅游与乡愁的研究不够全面，并提出通过瞄准人类感官来触发怀旧情绪的建议。Martínez等（2019）[50]认为，乡村旅游可促进农村环境可持续发展，而对就业的吸纳能力则取决于全年旅游活动的稳定性。

国内农旅融合的最早形式是“农家乐”。“农业旅游”的概念在2001年由国家旅游局提出（张蓓等，2011）[51]。中国学者主要侧重于从融合的内涵、基础、路径、特点、影响因素等方面研究农旅融合问题。张文建和陈琳（2009）[52]基于产业融合框架的视角重新审视了农业旅游内涵和形态。王琪延和徐玲（2013）[53]对北京的农旅融合进行了研究，发现两者相互主动融合动力不足。曹雯（2015）[54]对农旅融合发展的基础、模式以及路径进行了探索。魏玲丽（2015）[55]对农业与旅游产业链融合的影响因素、产业链构成与建设进行了研究。张英等（2015）[56]测算了张家界农旅融合的耦合水平，发现其处于初级水平。周蕾等（2016）[57]在构建农旅融合的协调度评价指标体系的基础上，以四川为例测算了两者的融合水平。王丽芳（2018）[58]分析了山西省农业与旅游业融合的动力机制与发展路径。袁中许（2013）[59]提出以差异品牌战略为重心发展农旅融合。陆林等（2019）[35]提出了乡村旅游引导乡村振兴的研究框架。钟真等（2019）[60]重新审视了外来资本对发展休闲农业的作用。王明康和刘彦平（2019）[61]实证研究了休闲农业与城乡收入差距存在非线性关系。

以上国内外关于农旅融合的研究大多以定性分析为主，定量分析较少。

1.2.3 产业结构优化升级的研究现状

产业结构是指一个国家国民系统中不同产业之间的要素配置状态，产业发展水平即各产业所占比重（Kuznets，1963）[62]，产业结构优化升级表现为大多数产业从低附加值层级向高附加值层级演进过程。学者们从产业层级演变特征研究产业结构优化升级（Kaplinsky，2000；Smith 等，2014；Aghion 等，2015；Fullerton 和 Heutel，2010）[63]-[66]。

产业结构优化升级是经济增长动力之源（Young，1995）[67]，产业结构优化升级能促进经济增长。Peneder（2003）[68]认为生产要素从低级产业向高级产业转移能提高生产效率，并称这一现象为“结构红利”。干春晖等（2011）[69]实证研究得出劳动力转移具有“结构红利”现象。吕明元和尤萌萌（2013）[70]考察了韩国20世纪70年代以来产业结构变迁与经济增长关系，发现产业结构合理化与产业结构高度化在经济发展不同阶段对经济增长的贡献不同。Jer（2014）[71]和 Mrabet（2013）[72]认为创新能提升产业技术含量，有利于产业结构优化升级。于斌斌（2015）[73]以中国285个地级市数据为例，检验结果得出产业结构优化升级能够提升全要素生产率进而促进经济增长。产业结构优化升级有其自身的发展规律，但也受诸多因素的影响。颜色等（2018）[74]在构建多部门一般均衡理论模型基础上，分析需求结构变迁对产业结构升级的影响，发现其影响显著。易信和刘凤良（2018）[75]就金融发展、技术创新促进产业结构转型展开了研究。韩永辉等（2017）[76]研究了产业政策与产业结构优化升级关系，发现产业政策显著影响地区产业结构优化升级。王方方和李宁（2017）[77]实证检验得出财政政策对产业结构优化升级的促进作用。彭俞超和方意（2016）[78]认为货币政策能促进产业结构优化升级。

有关农村产业结构优化升级的研究成果，主要集中在城镇化与农村产业的关系。Brückner（2012）[79]采用1960—2007年的非洲面板数据研究城镇化与GDP的关系，表明两者呈负相关关系；孙叶飞等（2016）[80]却认为城镇化与经济增长之间存在正相关关系；杨钧和罗能生（2017）[81]的研究结果表明城镇化与第一、二产业占比是倒“U”形关系，与第三产业呈“U”形关系；项光辉和毛其淋（2016）[82]却认为城镇化对农村产业结构优化升级存在显著地域差异。也有学者研究农业机械化与农村产业升级之间的关系（陈银娥和陈薇，2018）[83]。

上述研究中，产业结构优化升级的成果较为丰富，但有关农旅融合对农村产业结构优化升级的直接考察与内在机制研究较少。

1.2.4 农业生态效率的研究现状

生态效率的概念由Schaltegger和Sturm于1990年首次提出，并由世界可持续发展工商理事会（WBCSD）推广，学术界通常用农业生态效率①来考量农业可持续发展水平。测度农业生态效率的主流方法主要有随机前沿法和数据包络分析法等，其中由Tone于2001年构建的非径向、非角度的DEA－SBM模型，其因有效解决了投入产出的松弛现象，已逐渐成为测度生态效率的主流模型。

在农业生态效率指标的选择和测度结果方面，学者作出了以下研究：Ribal等（2011）[84]利用数据包络模型测算了柑橘生产的农业生态效率；Beltrán（2012）[85]基于方向性距离函数测算了橄榄生产的农业生态效率；Georgopoulou（2016）[86]测算了番茄生产的农业生态效率；吴小庆等（2009）[87]采用层次分析法测算水稻的农业生态效率。以上都是基于某一农作物的农业生态效率的

① 有关文献对农业生态效率的表述各不相同，如农业绿色生产率，农业环境效率等，但内涵均与农业生态效率相同，为了叙述方便，本书统一表述为农业生态效率。

测算，也有学者基于整个农业的生态效率进行测算。潘丹和应瑞瑶（2013）[88]采用 ML 指数测度了 1999—2009 年全国 30 个省的农业生态效率，发现时间上呈上升趋势，空间上地区差异较大；李谷成（2014）[89]运用非期望 SBM 模型测度了 1978—2008 年我国的农业生态效率，发现北京、天津、上海农业生态效率最高；刘应元等（2014）[90]和田伟等（2014）[91]考虑非期望产出测度各省的农业生态效率，发现东部地区生态农业效率最高；王宝义和张卫国（2016）[92]针对狭义农业的农业生态效率进行测度，并分析了其时空差异特征；侯孟阳和姚顺波（2018）[93]构建马尔科夫概率转移矩阵对我国农业生态效率进行了时空演变分析。

在有关农业生态效率的影响因素方面，学者作了以下研究：田伟等（2014）[94]认为农业生态效率受生产特征、技术条件、能源结构和社会结构等 15 个因素影响；洪开荣等（2016）[95]检验了财政支农力度和工业化水平等因素对农业生态效率的影响；潘丹（2014）[96]在测算我国省级农业生态效率基础上，检验了农村居民收入水平、财政支农力度和工业化程度等因素对农业生态效率的影响；杜江等（2016）[97]利用 GML 指数测算了环境全要素生产率，进而检验了受灾率、农业财政支持、农民收入等因素对农业生态效率的影响；庞家幸（2016）[98]实证检验了农业固定资产投资、种植结构、农民人均耕地等对农业生态效率的影响；王宝义和张卫国（2018）[99]基于 Tobit 模型实证检验了工业化水平、财政支农力度、区位等对农业生态效率的影响。

学术界对农业生态效率的研究成果较为丰富，但有关农旅融合对农业生态效率提升的直接考察与影响机制鲜有研究。

1.2.5 旅游对城乡居民收入和减贫影响的研究现状

（1）旅游对城乡居民收入影响的研究现状

旅游对城乡居民收入影响的研究主要集中在两方面。一方面，旅游对城乡居民收入差距的影响。Zhao Lei（2011）[100]利用 1999—2008 年中国各省份动态面板数据，采用 GMM 估计，实证检验了旅游业发展对缩小城乡居民收入差距的作用。Liu 等（2017）[101]也认为旅游业增长能缩小城乡居民收入差距，只是城乡发展水平差距越大，功效越小。夏赞才（2016）[102]在测度中国旅游经济增长与城乡居民收入差距变异的基础上，探讨了两者关系，结果发现两者呈显著负相关关系。李如友（2016）[103]发现2000—2005年中国旅游业对缩小城乡差距不明显，但2006—2014年其对城乡差距作用显著。王明康和刘彦平（2018）[104]则认为旅游和城乡居民收入差距之间存在门槛效应。

另一方面，旅游对收入不平等的影响。Alam和Paramati（2016）[105]利用1991—2012年全球49个发展中国家的数据，实证检验了旅游业发展与收入不平等且支持库兹涅茨假说。Raza和Shah（2017）[106]采用1995—2015年的数据，考察旅游与收入不平等之间的关系，发现发展旅游业有助于减缓收入不平等，且支持库兹涅茨假说。Li等（2016）[107]以中国为例，采用空间自回归模型实证检验了旅游业能改善收入不平等。Deller（2010）[108]却持相反观点，认为中国旅游业收入低致使旅游业发展恶化了收入不平等，Weber等（2005）[109]、Lee（2009）[110]以及戴平生和王冲（2018）[111]也支持旅游恶化了收入不平等观点。也有学者介于两种观点之间（Mahadevan和Suardi，2019）[112]，认为发展旅游业不能有效改变收入不平等的现状。

（2）旅游对减贫影响的研究现状

Peters（1969）[113]和Kadt（1979）[114]最早研究旅游减贫，但直到20世纪90年代，学界才开始重视并深入探讨旅游发展与贫困减缓的关系。

Ashley和Mitchell（2009）[115]从直接效应、间接效应和动态效应三种机制考察旅游减缓贫困的作用，此后学术界大多从这三种机制出发探讨旅游对贫困减缓的功效：旅游发展对贫困减缓的直接效应主要源于旅游者在目的地对商品和服务的直接消费；旅游发展对贫困减缓的间接效应主要源于旅游收入的再分配；旅游发展对贫困减缓的动态效应是旅游业长期促进经济增长以及对其他部门溢出效应的结果。一直以来，旅游发展与经济增长之间的关系备受争议，但前者对后者产生积极影响的观点一直是学界对该问题认识的主流，旅游发展促进经济增长假说（Tourism - Led Growth Hypothesis，TLGH）得到了不同时期的实证支持（Gunduz和Hatemi，2005；Croes，2014；Ekanayaket和Long，2012）[116]-[118]。经济增长可以通过提升国内经济活力为贫困人口创造就业，财政税收的增加为政府部门针对贫困人口的转移支付提供资金支持。概言之，通过资本积累实现的经济增长将对贫困人口发挥“涓滴”作用。尽管促进经济增长是许多国家和地区发展旅游业的根本目标，减缓贫困只是作为次要目标或经济增长的自然而然的结果（Zhao 和 Ritchie，2007；Ashley 等，2000）[119][120]。但也有学者质疑旅游能够促进经济增长（Pulido－Fernandez，2014；Cárdenas－García，2015）[121][122]。旅游促进经济增长遭受质疑的同时，旅游对贫困减缓功效的实证结论也存在差异，如 Croes 和 Vanegas（2008）[8]、Vanegas（2014）[123]分别以尼加拉瓜、哥斯达黎加为例，验证了旅游能够减缓贫困；但 Sharpley（2009）[124]和 Ferguson（2010）[125]却认为发展旅游业加重了贫困；Ashley（2006）[126]实证得出旅游和减贫并无必然联系。

在中国，旅游的减贫作用随着近些年国家政策对可持续发展和公平等议题的关注而受到高度重视，相关研究也逐渐兴盛。中国学者对旅游减贫的研究早期较多停留于理论分析层面（李国平，2004；饶勇等，2008）[127][128]，涉及实际效应、感知效应、经济效应和非经济效应等不同方面（张伟等，2005；李佳等，2009）[129][130]。近期有学者对旅游减贫的实证层面展开研究，如王英等（2016）[131]在使用 HP 滤波方法测度旅游需求波动的基础上，使用门限面板模型对 2000—2013 年中国旅游发展的非线性减贫效应进行了实证检验，结果表明，旅游波动是影响旅游减贫效应的重要因素；赵磊和张晨（2018）[132]也对旅游减贫非线性门槛效应展开研究；何静等（2019）[133]分析了旅游对国家级贫困县的减贫作用，发现其对贫困的改善程度不稳定。

以上学者对旅游减贫的研究，以收入贫困为主，多维贫困研究较少。

1.2.6 文献评述

通过梳理国内外文献发现，学术界对于乡村振兴战略的理论研究较为丰富，对乡村振兴战略研究更多停留在乡村振兴的内涵、应规避的问题及理论分析乡村振兴的实施路径等层面，而有关乡村振兴战略实现路径定量研究较少。同时，学者们也认同农旅融合对乡村振兴的促进作用。学界对农旅融合的本质、农旅融合水平测度、农旅融合空间分布特征及促进其发展的路径展开了广泛而深入地探讨，但对农旅融合功效的实证研究较少，更鲜有农旅融合对乡村振兴贡献的实证考察，以及农旅融合促进乡村振兴的实现机制的定量研究及直接考察。

鉴于此，本书通过解析乡村振兴最终目标，将乡村振兴分解为“农业强、农村美、农民富”三个维度，并就农旅融合对乡村振兴三个维度的贡献展开探讨：一是，构建农旅融合促进农村产业结构优化升级内在机理模型，测度全国各地级市农村产业结构优化升级水平，实证分析农旅融合对农村产业结构优化升级的促进作用；二是，理论分析农旅融合对农业生态效率的提升作用，测度全国各地级市农业生态效率，进而实证分析农旅融合对农业生态效率的促进作用；三是，构建数理模型阐述农旅融合对增加农村居民收入和减缓农村贫困的功效，测度农村贫困，并实证分析农旅融合对增加农村居民收入和减缓农村贫困的作用。从上述三个维度剖析农旅融合对乡村振兴的促进作用，为乡村振兴最终目标实施提供选择路径。

1.3 农旅融合促进乡村振兴的理论基础

1.3.1 农旅融合促进农村产业结构优化升级的理论基础

农旅融合可以转移农业劳动力及推动技术进步，以上两因素推动农村各产业要素配置比例及各产业比例发生变化，进而推动农村产业结构优化升级。与农旅融合促进农村产业结构优化升级相关的理论基础主要有资源禀赋理论和丹尼森“技术说”，农旅融合促进农村产业结构优化升级的理论基础逻辑思路图如图1－3所示。

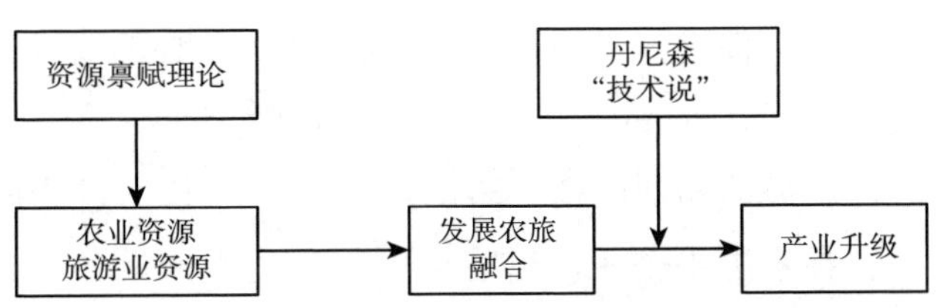

图1－3 农旅融合优化产业结构的理论基础

（1）资源禀赋理论

比较优势理论源于19世纪李嘉图的《政治经济学及赋税原理》一书，指一个国家专业化生产比较优势大的产品，并通过商品交换达到利益最大化。

从实践中看，资源禀赋理论是建立在比较优势理论基础上的，其推进了比较优势理论的发展。传统的经济学理论认为，在工业化起步阶段，良好的自然资源禀赋直接影响经济体产业结构，是经济增长的引擎，资源禀赋对经济发展起至关重要的作用。但 20 世纪中后期，基于大部分资源导向型模式失败的现实，学界对这一理论提出质疑，并提出“资源诅咒”假说（Sachs 和 Warner，1995；Gylfason，1999、2001；Papyrakis 和 Gerlagh，2004、2007；邵帅和齐中英，2008）[134]-[139]。邵帅和杨莉莉（2010）[140]对这一假说进行剖析后发现，“资源诅咒”假说混淆了自然资源丰裕度与自然资源依赖度的概念。自然资源丰裕度是一个国家或地区自然资源的丰富程度，而自然资源依赖度是指一个国家或地区经济对于自然资源的依赖程度。自然资源依赖度较高的国家或地区对自然资源性产业结构依赖程度较高，挤出科技研发投入和对外贸易，导致“资源诅咒”（李江龙和徐斌，2018）[141]。丰裕的自然资源本身对经济增长具有积极影响。

大自然赋予广袤乡村发展农业生产的农业资源禀赋的同时，也赋予了乡村优美的田园风光、清新的空气，这些与生俱来的自然资源禀赋，加之传统的农耕文明，古朴的民风，直接影响农旅融合深入，是农村旅游业发展壮大的引擎。农村可借助发展农旅融合的比较优势发展农旅融合，乡村旅游业的发展可带动整个农村第三产业及其他相关产业的发展，推动农村产业结构优化升级。

（2）丹尼森“技术说”

美国经济学家 Denision 研究发现技术进步对美国经济增长起关键促进作用，学者们对技术创新促进技术进步，进而推动经济增长进行了广泛而深入的研究（熊彼特，1912；Schumpete，1921；Pavitt，1984；龚轶等，2015；陶长琪和周璇，2016；易信和刘凤良，2015）[142]-[147]。技术进步两方面作用于产业结构：第一，技术进步企业可以购买更先进的生产设备，重新配置各要素资源的使用比例，提高生产效率，引导产业结构向更合理的方向演进；第二，技术进步促进交通和通信业的发展，引导非农产业增加值的增加，改变产业比例关系，促进霍夫曼比例①的下降，推动产业结构向高度化方向发展。

---

① 霍夫曼比例 = 消费资料工业的净产值/资本资料工业的净产值。

技术进步在农村推广受阻是基于以下几方面原因：首先，购买先进技术生产设备需要大量资金，而有限的农民收入和不足的农村集体经费阻滞了先进技术在农村的推广；其次，滞留在农村农业劳动力的素质普遍不高，导致对农业新技术成果推广转化质量不高；最后，农民组织的缺失，农业人口居住地分散，引致农村先进技术推广渠道受限。

农旅融合发展能够弥补上述几方面不足：首先，农旅融合发展能够引进大量资本，加之农旅融合发展能增加农民收入，从而更有助于先进技术在农村的推广；其次，农旅融合通过组织专业化技能培训及旅游业更先进的知识经验溢出到农业部门，提高农业劳动力素质，提高其对先进技术的吸纳能力；最后，农旅融合打通了先进技术的推广渠道，有助于先进技术的推广。

综上所述，根据资源禀赋理论，农村发展要素密集型的农旅融合产业，农旅融合借助于先进技术的提高促进农村产业结构优化升级。

1.3.2 农旅融合提升农业生态效率的理论基础

2015 年中央农村工作会议明确提出发展“两型农业”，即在兼顾满足农业增长的同时，尽可能节约资源和改善环境，协调农业投入产出关系，建设美丽乡村。《全国农业可持续发展规划（2015—2030）》指出，农药化肥利用率低，导致农业内源污染严重。农业污染是农村污染的主要来源（孔祥才和王桂霞，2017）[148]，“农村美”必须建立在农业可持续发展基础上。

旅游业的环境资源是旅游业发展的根本基础（查建平，2016；谢雨萍，2003）[149][150]。游客作远距离空间移动的根本动机和最终目的是为了体验旅游资源或旅游吸引物（喻小航，2003）[151]。可见，农业生态环境资源是农业旅游业赖以生存的核心竞争力。而农业污染是农村污染的主要来源，农业生产造成的污染大有取代工业污染而成为头号污染源的趋势。本节主要梳理与农旅融合促进农业生态效率提升相关的理论基础，农旅融合提升农业生态效率的理论基础如图 1－4 所示。

（1）循环经济理论

Pearce（1990）[152]最早提出循环经济的概念，循环经济的物质循环利用

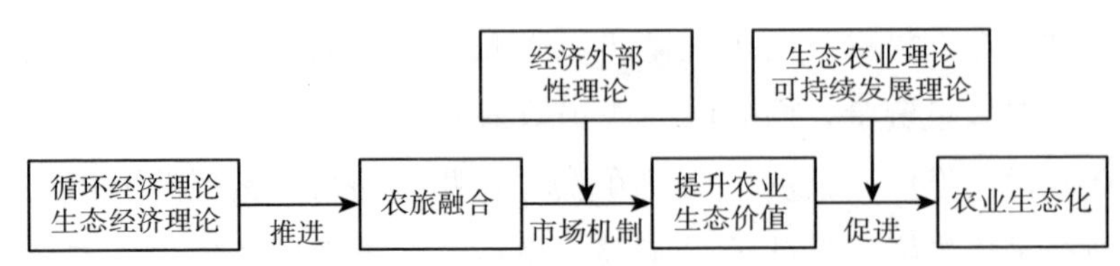

图1-4　农旅融合提升农业生态效率的理论基础

模型“资源—产品—再生产资源”是循环经济区别于传统经济的本质特征。循环经济的资源效用体现为经济价值、环境价值和社会价值的渐进实现，是在满足人类生存和发展基础上的资源效用最大化。农旅融合是建立在农业生态旅游资源循环与持续利用、农业与旅游业和谐发展基础上的新型发展模式。在农旅融合的发展过程中须遵循旅游循环经济的原则和理念，保护生态环境，推进循环经济产业体系。

（2）生态经济理论

生态经济理论主要研究生态系统和经济系统的关系（Costanza，1989）[153]。生态经济是指在生态系统可承载能力范围内，运用生态学原理和系统工程方法，改变生产和消费方式，充分挖掘可利用的资源潜力，发展经济、生态高效的产业，建设体制合理、社会和谐的文化，生态健康、景观适宜的环境（周芳和邹冬生，2016）[154]。生态经济发展的定量研究方法主要有系统理论综合评价指标体系、货币估值理论评价和生物物理衡量3类。生态经济强调生态系统与经济系统的结合，生态经济的资源效用体现为经济价值、环境价值和社会价值的同时实现，这是生态经济与循环经济的主要差异（陆学和陈兴鹏，2014）[155]。

（3）经济外部性理论

外部性是指在经济活动过程中，一个主体的行为对其他主体造成了影响，但双方没有进行交易或发生经济往来，因此成本或损失没有给予相应的回报或给予相应补偿，假定一个主体的行为对其他主体造成了积极影响则为正外部性，反之为负外部性。在未发展农旅融合时，农业生产过程中的农业环境污染具有典型的负外部性特征，因此农业劳动力不会主动减少化肥农药等有害环境要素投入。随着农旅融合的发展，农业生态化生产带来的生态环境改善变成生态资本，农业生态化建设产生的“外部经济效应”通过市场机制进行交易，推动农业劳动力主动减少有害环境要素投入。

（4）生态农业理论

生态农业是由美国密苏里大学土壤学家 William Albreche 基于土壤学视角提出。生态农业可以理解为：以生态学原理为指导，以生态、自然资源保护、农业协调发展为主要内容，因地制宜地规划、组织实施农业生产体系。从 20 世纪 80 年代开始，中国政府推行了一系列生态农业示范工作，包括生态农业示范县和生态农业示范点建设。现阶段生态农业模型主要有：绿色农业、有机农业、循环农业、可持续农业、低碳农业等。中国学者在理论层面对生态农业的特征与模式（曹俊杰，2010；吴洪涛和武春友，2008；黄炜虹，2016）[156]-[158]、生态农业绩效与效率（刘应元，2014；王肖芳，2015）[90][159]展开了广泛的研究。

（5）可持续发展理论

可持续发展是指既满足当代人的需要，又不对后代人满足其需要的能力构成危害。农业可持续发展不仅仅指农业的可持续发展，还包含农村的可持续发展，即通过技术革新和调整机构改革的方向，保护和维护自然资源，以确保子孙后代持续性获得农产品。这种农业的可持续发展能够保护动植物遗传资源、土地资源和水资源，是一种满足经济、技术要求，能被大家所普遍接受的农业生产形式，包括资源可持续性发展和环境可持续性发展。

学术界通常用农业生态效率考量农业可持续发展水平。生态效率包括环境效率和资源效率（Stigson，2001）[160]，农业生态效率包括农业环境效率和农业资源效率，农业环境效率是衡量农业生产所付出的环境代价，农业资源效率是衡量农业生产中所消耗的资源数量。

综上，根据循环经济理论和生态经济理论可知，农业生产具有典型的经济外部性特征，农旅融合深入使农业生态资源借助于市场机制被赋予更高的生态价值。农业生态化建设产生的“外部经济效应”引致农民根据生态农业理论和可持续发展理论实现农业生态化生产。

1.3.3 农旅融合促进农民富裕的理论基础

旅游业对增加收入并减缓贫困的影响一直以来备受争议，关于旅游业对增加收入并减缓贫困效应的观点有三种：发展旅游业能够增加收入并减缓贫困（Croes 和 Vanegas，2008）[8]；发展旅游业减少了收入并加重了贫困（Sharpley，2009）[124]；旅游业发展对收入增加和贫困减缓没有联系（Ashley，2006）[126]。农旅融合作为一种新型产业形态，并成为乡村振兴的重要选择路径，是增加农村居民收入并减缓农村贫困或减少农村居民收入并加重了农村贫困还是与农村居民收入和农村贫困没有联系？本节主要梳理农旅融合对农村居民收入和减缓贫困相关的理论基础，并从理论层面对上述问题展开讨论。农旅融合促进农民富裕的理论基础如图 1-5 所示。

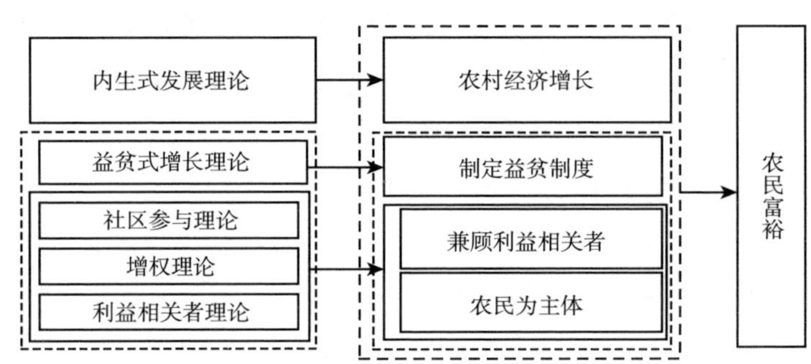

图 1-5　农旅融合实现农民富裕的理论基础

（1）内生式发展理论

内生式发展模式是指以区域内的资源、技术、产业和文化为基础，以创新为驱动力，促进区域经济增长的模式。不同学者对内生发展模式定义各不相同，但都强调以当地居民为开发主体，以当地资源、技术、产业和文化为基础，保护当地自然生态环境和人文环境，追求包括福利、文化及人权全面发展。内生式发展的内涵包括以下几方面：

①农旅融合的最终目的是培养农村的自我发展能力。农村地区只有具备自我发展能力，才能最终实现农村居民人口全面发展，基本可行生活能力不被剥夺，真正意义上增加农村居民收入和减缓农村贫困。

②农旅融合必须以农村当地居民为开发主体，使农村当地居民成为农旅融合的主要参与者和主要受益者，最大程度保证农旅融合过程中的利益不外漏，农村本地居民不被边缘化。

③为保证农村当地居民成为农旅融合的主要参与者和主要受益者，必须建立有效的基础组织。农民专业合作社可较好的维护发展农旅融合地区农民

的利益，扶持农民专业合作社这种类型的基础组织是基于内生式发展模式推出的举措。

（2）益贫式增长理论

益贫式增长理论是由 Ravallion Martin 在 1994 年最先提出，主要指贫困人口能够从某种经济活动中分享更多利益。亚洲开发银行行长将“益贫式增长”定义为某项经济活动，使贫困人口分享收入的增长部分超过该项经济活动增长的平均增长水平。较之于“涓滴”效应，益贫式增长理论强调贫困人口从该项经济活动中所直接分享的利益，而不是通过间接方式由经济增长所得利益，因此能更多惠及贫困人口。鉴于此，在发展农旅融合过程中，政府应制定相应的政策措施，使贫困人口从中能获得更多利益。

（3）社区参与理论

社区参与概念由美国社会学家法林顿于 1915 年率先提出，农旅融合需要农村地区居民积极参与，以促进农村地区经济、生态、文化全面发展，将农村变为人人向往的农村。农村地区居民参与农旅融合发展，让农村居民能公平地从中受益（林懿，2008）[161]。

（4）增权理论

增权是赋予个人或群体权利，无权指能力或资源缺乏的一种状态。发展农旅融合地区的资金投入大多依赖政府或企业，农村人口大多面临经济上从农旅融合中分享收益较少，且管理上较少有机会参与农旅融合发展，常处于无权状态。

农旅融合的精英俘获导致农旅融合的收益更多流入精英阶层，贫困人口从中受益较少，这也是导致扶贫效率不高的一个突出问题。因此为更好发挥农旅融合的减贫效应，政府在改变不合理的分配制度的同时，还必须通过增权提升农村人口的获利能力。

（5）利益相关者理论

利益相关者理论是由 Freeman 于 1984 年提出，指企业发展不仅受所有者影响，同时也受利益相关者影响。利益相关者受组织目标活动影响的同时也影响组织目标的实现。在农旅融合增加农村居民收入和减缓农村贫困的过程中，收入增加的程度和减贫作用的大小受政府部门、农村贫困人口、农业劳动力及游客等利益相关者的影响。因此，最大程度发挥农旅融合，增加农村居民收入和减贫作用需要协调各利益主体，合理满足各利益主体的需求。

综上，根据内生式发展理论农旅融合能够实现农村经济增长与农民收入增加，益贫式增长理论使农旅融合收益更多惠及农村贫困人口，社区参与理论、增权理论、利益相关者理论确保农旅融合收益在兼顾利益相关者前提下，实现农民成为农旅融合主体，最大程度确保农旅融合利益锁定为农民及农村贫困人口，进而实现农民富裕。

1.4 研究架构与创新之处

1.4.1 研究内容

本书以农旅融合和乡村振兴为研究对象，根据乡村振兴的最终目标——“农业强、农村美、农民富”，依次解析农旅融合对农村产业结构优化升级的促进机制，农旅融合对农业生态效率的提升机制，农旅融合对增加农村居民收入和减缓农村贫困的作用机制，并分析这些机制中的传导路径和影响因素，最后提出农旅融合促进乡村振兴的政策机制。本书的总体框架如图 1 - 6 所示。

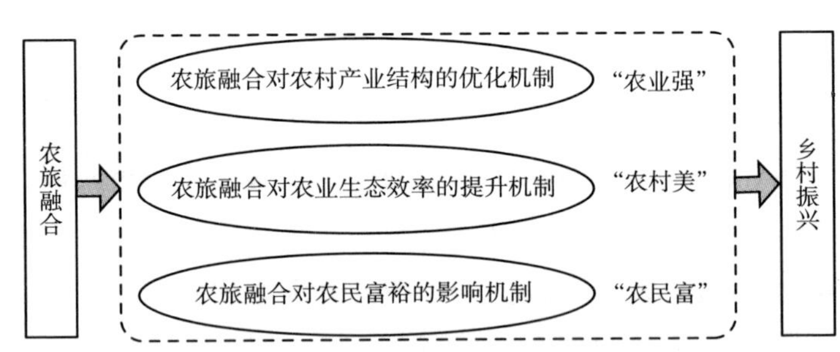

图 1 - 6 本书总体研究框架

其中，“农业强”体现为农村各生产要素的合理配置及农村以农业为基础的各产业结构由低级向高级调整的过程；“农村美”表现为农村生态环境优美，农民生态化意识增强，实现农业生态化生产；“农民富”表现为农村居民收入增加，农村贫困减缓。本书的研究内容从五个方面展开，内容框架如图 1 - 7 所示。

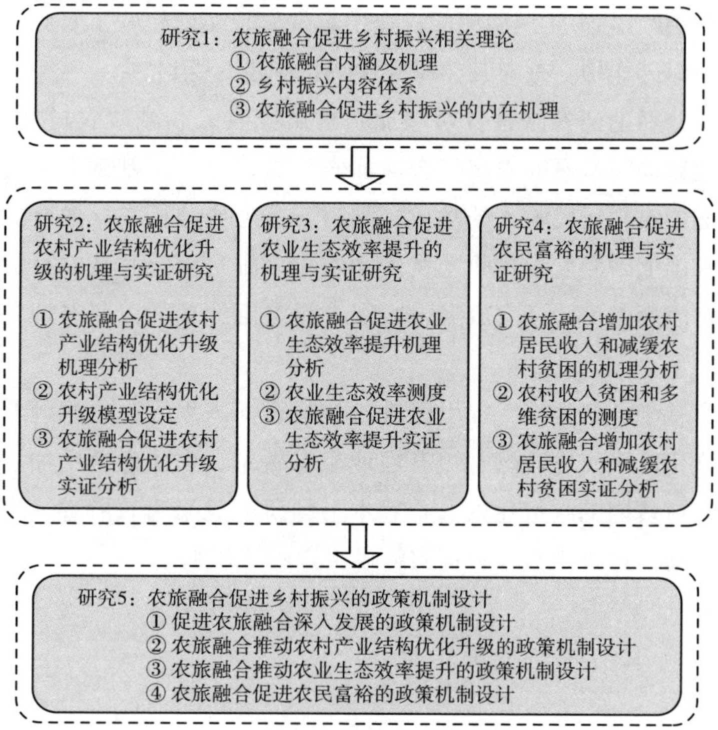

研究1：农旅融合促进乡村振兴相关理论
① 农旅融合内涵及机理
② 乡村振兴内容体系
③ 农旅融合促进乡村振兴的内在机理

⇩

研究2：农旅融合促进农村产业结构优化升级的机理与实证研究
① 农旅融合促进农村产业结构优化升级机理分析
② 农村产业结构优化升级模型设定
③ 农旅融合促进农村产业结构优化升级实证分析

研究3：农旅融合促进农业生态效率提升的机理与实证研究
① 农旅融合促进农业生态效率提升机理分析
② 农业生态效率测度
③ 农旅融合促进农业生态效率提升实证分析

研究4：农旅融合促进农民富裕的机理与实证研究
① 农旅融合增加农村居民收入和减缓农村贫困的机理分析
② 农村收入贫困和多维贫困的测度
③ 农旅融合增加农村居民收入和减缓农村贫困实证分析

⇩

研究5：农旅融合促进乡村振兴的政策机制设计
① 促进农旅融合深入发展的政策机制设计
② 农旅融合推动农村产业结构优化升级的政策机制设计
③ 农旅融合推动农业生态效率提升的政策机制设计
④ 农旅融合促进农民富裕的政策机制设计

图1－7　本书研究内容框架

根据图1－7的研究内容框架，本书对上述五个方面展开深入研究，具体的章节内容安排如下：

第1章主要介绍农旅融合促进乡村振兴机理与实证分析的研究背景、研究意义、研究现状、相关理论、主要内容和方法以及本书的技术路线和创新之处。

第2章阐述农旅融合内涵和乡村振兴的主要内容体系，解析农旅融合作用机理、农旅融合促进乡村振兴的内在机理，刻画农旅融合促进乡村振兴的敛散性。

第3章构建数理模型解析农旅融合对农村产业结构优化升级的促进机制、经济发展水平的调节机制、消费水平和资本积累的传导机制。并在测度农村产业结构合理化和高度化的基础上，构建计量模型实证农旅融合对农村产业结构优化升级的影响及作用机制。

第4章在理论阐述农旅融合促进农业生态效率提升机理的基础上，采用超效率非期望产出 SBM 模型测度农业生态效率，实证检验了农旅融合对农业生态效率的促进作用，并对其非线性影响机制进行探讨。

第 5 章分别论证农旅融合对增加农村居民收入和减缓农村贫困的作用。本书在构建数理模型研究农旅融合增加农村居民收入的基础上，实证检验农旅融合对增加农村居民收入的功效。同时，在理论分析农旅融合减缓农村贫困作用的基础上，测度农村收入贫困和农村多维贫困，并从农村收入贫困和农村多维贫困两维度验证农旅融合减缓农村贫困的功效以及经济发展水平的调节作用。

第 6 章基于分析结果，提出促进农旅融合深入发展、农旅融合促进农村产业结构优化升级、农旅融合提升农业生态效率、农旅融合增加农村居民收入和减缓农村贫困的政策建议。希冀本书的研究成果为政府进一步借助农旅融合深入发展，最终实现乡村振兴提供一定参考依据。

1.4.2 本书研究范围界定

本书的研究思路是将乡村振兴分解为三个维度后，沿着农旅融合—农村产业结构优化升级、农旅融合—农业生态效率提升、农旅融合—农民富裕，进而论证农旅融合—乡村振兴的主线来展开。在农旅融合发展过程中，也存在乡村振兴—农村产业结构优化升级—农旅融合、乡村振兴—农业生态效率提升—农旅融合、乡村振兴—农民富裕—农旅融合的逆向作用，即农旅融合和乡村振兴之间存在双向作用，本书只研究其中的一个方向的内在机制。

1.4.3 研究方法

本书使用以下三种方法进行研究。

（1）数理建模。构建系统演化方程分析农旅融合的非线性效应，分析得出农旅融合在稳定结点附近长期均衡协调发展的结论；构建农旅融合促进农村产业结构优化升级数理模型，探究农旅融合促进农村产业结构优化升级的内在机理；构建农旅融合增加农村居民收入的数理模型，探究农旅融合增加农村居民收入的内在机理。

（2）比较研究。在分析农旅融合对农村产业结构优化升级的促进作用时，本书分别对比了不同区域的农旅融合对农村产业结构优化升级的作用差异；在分析农旅融合对农业生态效率提升的非线性作用时，分别对比了不同门槛值及不同区域的农业生态效率提升差异；在分析农旅融合对农村贫困减缓的作用时，对比了农旅融合对不同类型贫困及不同程度贫困的影响，研究农旅融合对不同类型及不同程度贫困影响的作用差异。

（3）规范分析与实证研究。上述的数理建模只能从理论的角度阐释农旅融合对乡村振兴的促进作用，并不能细致解析不同变量的实际影响效应。因此本书采用规范分析与实证研究作进一步的深入探究。综合运用结构偏离度与 Hamming 贴近度法相结合等方法测算农村产业结构优化升级；采用包含非期望产出的超效率 SBM 模型测度农业生态效率；选择 FGT 指数方法测算收入贫困，A－F 双界限法测算多维贫困。构建中介效应面板模型探究农旅融合对农村产业结构优化升级的关联效应；构建面板平滑转移模型实证分析农旅融合对农业生态效率的影响；构建面板中介效应模型验证农旅融合对增加农村居民收入的功效，构建调节效应 Probit、Tobit 模型探究农旅融合对农村贫困的影响。

1.4.4 技术路线

本书在解析乡村振兴目标及农旅融合功效的基础上，探究农旅融合促进乡村振兴的机制。本书的技术路线如图 1－8 所示。

第一部分为概念模型。通过文献梳理的形式，阐述农旅融合的功效以及乡村振兴的内涵、目标及路径，并探究农旅融合促进乡村振兴的内在机理。

第二部分为机制研究。分别从农旅融合推动农村产业结构优化升级、农旅融合影响农业生态效率提升、农旅融合实现农民富裕三个机制展开研究。

第三部分是政策机制设计。基于三个实证分析，设计农旅融合促进乡村振兴的政策机制。

1.4.5 本书创新之处

本书探究农旅融合促进乡村振兴机理与实证研究，得到以下三个创新点：

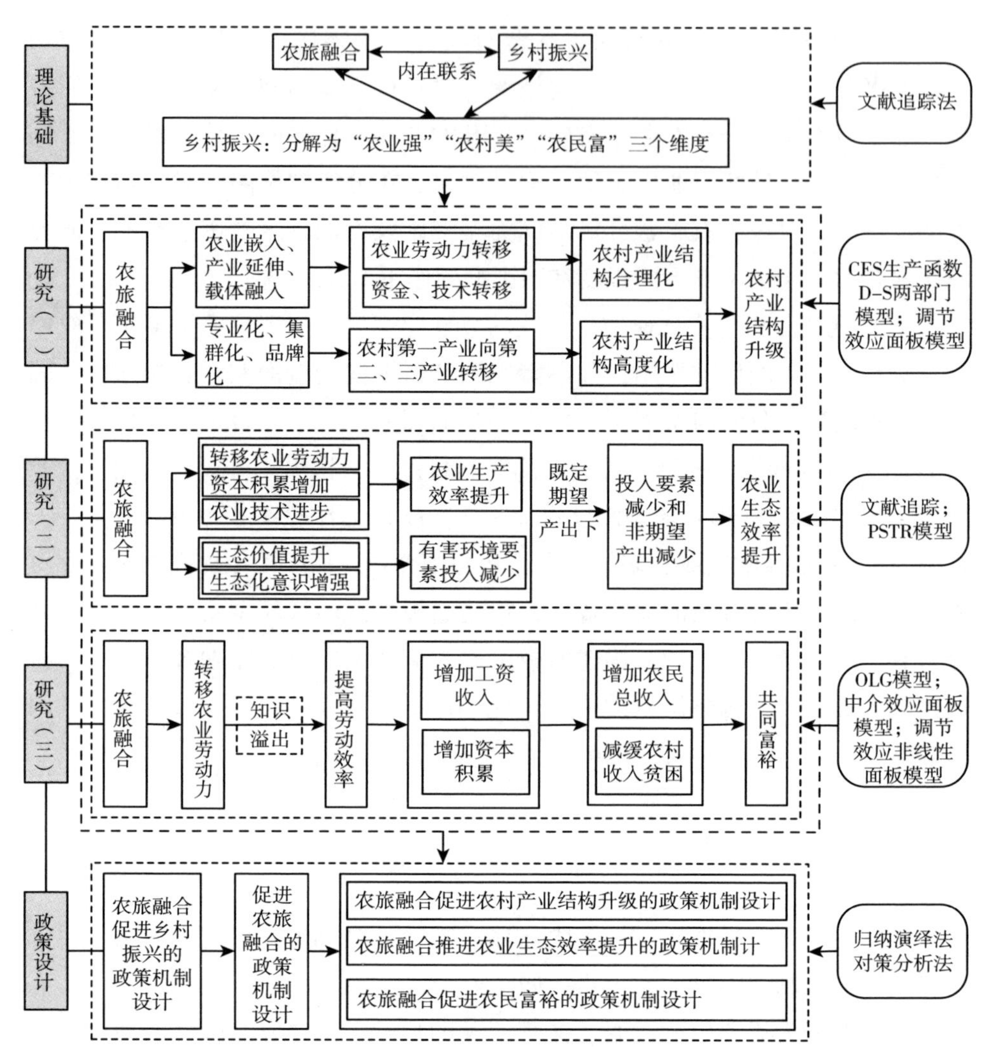

图1-8　本书技术路线图

（1）基于两部门D-S模型，探究农旅融合对农村产业结构优化升级的促进机理。已有文献鲜有关于农旅融合促进农村产业结构优化升级的研究，更鲜有其对农村产业结构优化升级的内在机理解析。本书基于两部门经济的理论分析框架，构建CES生产函数分析农旅融合促进农村劳动力转移，引导农村第一产业向二三产业转移，实现农村资源合理配置以及农村产业附加值增加，探究农旅融合对农村产业结构优化升级的内在作用机理，农村消费需求与农村资本积累对农旅融合与农村产业结构优化升级的传导作用。在测算农村产业结构优化升级的基础上，利用面板中介效应模型等方法探究其对农村产业结构优化升级的促进效应及传导作用。

（2）在构建农旅融合促进农业生态效率提升的理论框架的基础上，探究农旅融合对农业生态效率的提升机理。既有文献忽视了农旅融合对农业生态效率的提升作用，本书分析了农旅融合对提升农业生产效率和减少有害环境要素投入，进而提升农业生态效率的作用机理，并设定面板平滑转移模型验证其对农业生态效率的非线性作用。研究结果表明农旅融合有益于提升农业生态效率，尤其当融合水平较高时，促进作用呈增强态势；在影响机制上，农业劳动力、农作物播种面积、有效灌溉面积等要素投入都伴随融合水平的不断深入而相应减少，农药、化肥等有害环境要素投入在融合初期并未减少，但在跨越门槛值后，呈现迅速减少态势，本书研究结果拓展了提升农业生态效率的路径。

（3）基于 OLG 模型，探究农旅融合对实现农民富裕的影响机理。已有文献鲜有农旅融合影响农民富裕的研究，本书基于农旅融合提升农民生产效率，从促进农民知识溢出出发，构建 OLG 模型分析农旅融合对实现农村富裕的作用机理。选择 FGT 指数方法识别收入贫困，A – F 方法识别多维贫困，构建线性面板模型研究农旅融合对增加农民收入的作用，构建面板调节效应 Probit 和 Tobit 模型探究经济发展水平对农民减贫的调节作用。研究发现农旅融合能够增加收入，减缓农村收入贫困，但减缓农村多维贫困不显著；经济发展水平正向调节农旅融合减缓农村收入贫困，但对农旅融合减缓农村多维贫困的调节作用不显著。

第2章 ◎

农旅融合促进乡村振兴的作用机理分析

本书研究农旅融合促进乡村振兴的内在机理，需要探究农旅融合与乡村振兴的内在关联，根据乡村振兴的最终目标将乡村振兴分解为三个不同的维度，分别探析农旅融合对乡村振兴每个维度的促进效用，进而剖析农旅融合对乡村振兴的作用机理。因此，本书首先探究农旅融合的内在机理，阐述乡村振兴的内容与目标，进而解析出农旅融合对乡村振兴的作用机理。

2.1 农旅融合机理分析

2.1.1 农旅融合的内涵及驱动因素

（1）农旅融合的内涵

目前我国台湾农旅融合已发展非常成熟，拥有1000多家休闲农业园，对休闲农业实施分类管理，极具农业特色，为游客提供游憩的同时，也为游客提供了农业生产经营体验（秦秀红，2010）[44]。

农村三产融合是以农业为基本依托，通过产业联动、产业集聚、技术渗透、体制创新等方式，将资本、技术以及资源要素进行跨界集约化配置，使农业生产、农产品加工和销售、餐饮、休闲以及其他服务业有机地整合在一起，使农村一二三产业之间紧密相连、协同发展，最终实现农业产业链延伸、产业范围扩展和农民收入增加（马晓河，2015）[42]。农旅融合是以农业为基本依托，通过农业与旅游业相互渗透、交叉、重组，将资本、技术以及资源要素在农业与旅游业间集约化配置，使农业生产与旅游服务业有机整合在一起，最终实现了农业产业链延伸、产业范围扩展和农民收入的增加。

农旅融合是推进农业现代化，实现传统农业向现代农业转变的必经之路，是伴随农业与旅游业产业边界的模糊、突破，使农村第一产业农业与第三产业旅游业相互渗透、交叉、重组，最终融为一体，逐步形成新型业态的过程。农旅融合通过挖掘农业资源的旅游价值，使原来只具有生产功能的农业生产资源，拓展到具有服务功能，扩展了农业的多功能性，延长了农村产业链；

而旅游服务业向农业延伸，使旅游业活动范围拓展到具体农业生产部门，丰富了旅游业的内涵。

伴随人们生活水平的提高及空闲时间的增多，人们在追求物质生活的同时，向往乡间优美的自然风光、清新的空气、传统的农耕文明，农旅融合为满足城市人口休闲需求，依托于城市而发展。产业融合与城乡互动是农旅融合的本质属性（张文建，2011）[162]。

农旅融合的发展与单纯农业生产内涵发生转变（张文健和陈琳，2009）[52]。首先，农业劳动力的劳动内容发生转变。从原来单纯从事农、林、牧、渔等农事活动，转变为既从事农事活动又从事旅游服务工作。其次，劳动的主体发生转变。农旅融合的发展，城市居民由城市流入农村，享受田野清新空气的同时，体验农村耕作方式，使农业活动主体由农业劳动力转变为农业劳动力与城市居民。再次，劳动所在地发生转变。农旅融合使从事农业生产所在地，农民生活所在地变成城市居民旅游目的地，因此，农村不仅是农业生产，农民生活所在地，也是城市居民旅游的目的地。最后，农业功能发生转变。农业生产由单纯提供粮食，供给工业原料拓宽到具有保护生态环境、供游客观光游览、休闲娱乐的生态文化功能。

（2）农旅融合的驱动因素

农村"三产"融合受技术创新、主体利益、市场需求和政府政策驱动（赵霞等，2017）[163]，同样农旅融合也离不开这四方面的驱动。

首先，技术创新可以打破农业与旅游业产业内部及农业与旅游业产业之间的技术壁垒，突破产业边界，创造出不同的新型业态。如以地理信息系统和互联网为基础的农旅融合新型业态，实现了与外界信息交流，实现了农旅融合的深度融合。其次，发展农旅融合可以增加农业劳动力收入，农业劳动力为追求自身利益持续增加，促进农旅融合进一步深入，促使生产要素在更广泛的范围内得到优化配置。农业劳动力对利润的追逐是农旅融合发展的内源动力。再次，城市居民生活水平提高，城市生活节奏加快，需要释放紧张压力的空间与场所，乡村田园文化满足了城市居民的需求，市场需求是农旅融合发展的外部因素。最后，农旅融合深入发展需要良好的交通基础设施及服务设施等公共产品及服务，农旅融合需要政府政策的驱动，引导农旅融合深入发展，政府政策驱动是农旅融合的外部保障。

2.1.2　农旅融合的理论分析

产业融合是不同产业或同一产业内的不同行业相互渗透、交叉，最终融为一体，逐步形成新产业的动态发展过程（厉无畏，2002）[40]。农旅融合是指农业与旅游业相互渗透、交叉，最终融为一体，逐步形成新型业态的发展过程。李瑾和李树德（2003）[164]认为生态与经济是生态农业发展的重要因素，吴必虎和余青（2000）[165]认为文化因素是旅游业的重要影响因素。当生态农业与旅游业融合时，两个产业中的生态、经济与文化资源不断融合与渗透，使农旅融合的新型业态，即农业旅游不断发展①。

（1）生态融合是农旅融合的基础。由于农业属于第一产业，旅游业属于第三产业，因此被很多人认为它们是不相关联的产业。但是，当人们越来越强调生态环境保护，追求农村优美自然风光、清新空气的时候，农业资源及其承载环境就成为了旅游者的吸引物，这就推动了农业与旅游业两个“不相关”的产业进行融合（张文建和陈琳，2009）[52]。融合初期，农业资源的生态特性被人发现，并与旅游资源进行简单融合成为新型的产业实体，实现生态价值。在融合的高级阶段，农业资源的生态特性不断赋予新的生态特性，使农旅融合的新型业态向产业链的高端迈进。因此，农业相关资源的生态特性通过市场机制的作用融合到旅游产业中去，实现或者提升农旅融合的生态价值。

（2）经济融合是农旅融合的保障。市场机制把农业与旅游业的人力、资金、技术进行重新配置，带动其他要素、农产品等之间相互交叉、渗透，拓展了农业与旅游业融合发展的空间格局，延伸了农村产业链，创新了产业形态，在经济层面上保障了农旅融合这种新型业态的发展（王丽芳，2018）[58]。市场机制在引导生态资源融合的同时，也在引导经济资源的融合，保障了农业生态资源融合的增值效应。融合初期，农村劳动力、资金与各种农产品与旅游业资源进行简单融合，形成融合结构。在融合高级阶段，农村劳动力需

① 关于农旅融合形成的新型业态形式，有很多表述：例如，“农村旅游业”“农业旅游业”“农业生态旅游业”“休闲农业旅游业”“生态农业旅游业”等。

要进行不断地培训与提高，需要各种新技术知识地投入，从而促进在提升经济资源质量的过程中不断地实现农旅融合的规模化与集群化。农旅融合实质是通过生态资源融合，推动两个产业人力、资金、技术等经济要素融合与升级，达到供给优势与需求优势的最佳结合（张文建和陈琳，2009）[52]。

（3）文化融合是农旅融合的深入。旅游地的文化因素是吸引旅游者的重要因素，利用文化特性来吸引旅游者，成为许多地区旅游开发商的积极行动（吴必虎和余青，2000）[165]。文化是旅游的灵魂，而旅游的本质是一种文化活动（侯兵和周晓倩，2015）[166]。农旅融合除了追求环境自然生态价值实现以外，也追求当地农村社会文化价值的实现过程。在文化融合的初级阶段，文化元素只是附属在其他资源上零散地与其他资源进行融合，但是，挖掘本地特色的原生态文化却成为农旅融合发展的重要推动力。文化融合协同生态、经济资源质量提升，将会形成新的融合发展结构。追求社会文化价值则是农旅融合深入发展的基础。例如，湘西土家族的生态旅游村正是不断追求本地原生态的歌舞特色，不断地从专业化角度来提升当地农村的歌舞表现力，打造以原生态文化为中心的多资源融合结构，从而吸引外地游客来土家族山村旅游休闲。

在农旅融合的发展过程中，生态、经济、文化相互渗透与融合，形成两种产业相互促进发展的融合效应。农旅融合机理如图 2－1 所示。

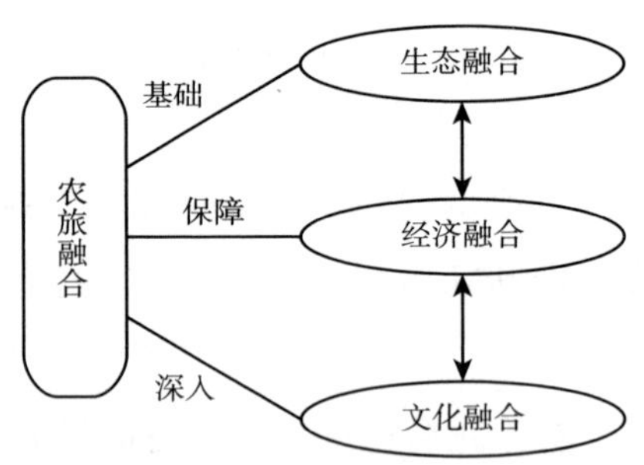

图 2－1　农旅融合机理

农业与旅游业相互融合，存在交互耦合关系，具有动态演化特征。应用系统演化理论分析农业与旅游业的动态耦合过程，其演化方程如式（2－1）所示。

$$\frac{dx(t)}{dt} = f(x_1, x_2, \cdots, x_n), i = 1, 2, \cdots, n \tag{2-1}$$

式（2-1）中，$f(x_1,x_2,\cdots,x_n)$ 代表 x_i 的非线性函数，在 $x_i=0$ 处的Taylor级数展开式如式（2-2）所示。

$$f(x_1,x_2,\cdots,x_n)=f(0)+\sum_{i=1}^{n}a_ix_i+\theta(x_1,x_2,\cdots,x_n),i=1,2,\cdots,n \tag{2-2}$$

其中，$f(0)=0$，a_i 为对应的偏导数，$\theta(x_1,x_2,\cdots,x_n)$ 是大于二次方的解析函数。根据李雅普诺夫稳定性定理，剔除高次项，可得如式（2-3）的近似系统。

$$\frac{dx(t)}{dt}=\sum_{i=1}^{n}a_ix_i,i=1,2,\cdots,n \tag{2-3}$$

用 AR 和 TU 分别表示农业与旅游业的发展水平，得式（2-4）、式（2-5）。

$$AR=\sum_{m=1}^{3}a_mx_m,m=1,2,3 \tag{2-4}$$

$$TU=\sum_{n=1}^{3}b_ny_n,n=1,2,3 \tag{2-5}$$

式（2-4）中，x_m 依次为农业系统中，子系统经济、生态和文化的功效函数，a_m 为 x_m 各子系统对应的权重；式（2-5）中依次为旅游业系统中，子系统经济、生态和文化的功效函数，b_n 为 y_n 各子系统对应的权重。农业系统与旅游业系统相互协同，互相演化，于是，依据贝塔朗菲的一般系统理论（Bretz，1992）[167]，可得到式（2-6）、式（2-7）。

$$A=\frac{dAR}{dt}=a_1AR+a_2TU \tag{2-6}$$

$$B=\frac{dTU}{dt}=b_1AR+b_2TU \tag{2-7}$$

式（2-6）和式（2-7）中，A 和 B 分别是农业系统和旅游业系统受自身和外来影响的演变状况，A 和 B 相互作用，共同反映整体系统的演化，得到 A 和 B 的演化速度，如式（2-8）、式（2-9）所示。

$$V_A=\frac{dA}{dt} \tag{2-8}$$

$$V_B=\frac{dB}{dt} \tag{2-9}$$

整体系统的演化速度 V 可用函数 $V=\phi(V_A,V_B)$ 表示，因此，本章将通

过 V_A 和 V_B 的影响，探究农旅融合后的系统稳定状态。

农业（AR）与旅游业（TU）互相作用、共同演化，驱动农旅融合系统的演变和发展，于是本章节分别构建 AR 和 TU 两个关于演化速度的共生 Logistic 演化模型，如式（2－10）所示。

$$\begin{cases} \dfrac{dV_A}{dt} = r_A V_A\left(1 - \dfrac{V_A}{N_A} + \dfrac{\delta_1 V_B}{N_B}\right), V_A(0) = V_{A0}, 0 < r_A、\delta_1 < 1, N_A、V_{A0} > 0 \\ \dfrac{dV_B}{dt} = r_B V_B\left(1 - \dfrac{V_B}{N_B} + \dfrac{\delta_2 V_A}{N_A}\right), V_B(0) = V_{B0}, 0 < r_B、\delta_2 < 1, N_B、V_{B0} > 0 \end{cases} \tag{2-10}$$

式（2－10）中，r_A 表示 V_A 的固定增长率，V_A 的初始值为 V_{A0}，V_A 最大值为 N_A，δ_1 代表 V_B 对 V_A 的影响系数；r_B 表示 V_B 的固定增长率，V_B 的初始值为 V_{B0}，最大值为 N_B，δ_2 代表 V_A 对 V_B 的影响系数。当两系统达到稳定状态时，可得到如式（2－11）的微分方程组。

$$\begin{cases} f(V_A, V_B) = \dfrac{dV_A}{dt} = r_A V_A\left(1 - \dfrac{V_A}{N_A} + \dfrac{\delta_1 V_B}{N_B}\right) = 0 \\ g(V_A, V_B) = \dfrac{dV_B}{dt} = r_B V_B\left(1 - \dfrac{V_B}{N_B} + \dfrac{\delta_2 V_A}{N_A}\right) = 0 \end{cases} \tag{2-11}$$

设（V_A^*，V_B^*）为上式方程组的均衡解，则可得到最优演变速度，如式（2－12）所示。

$$\begin{cases} V_A^* = \dfrac{N_A(1 + \delta_1)}{1 - \delta_1\delta_2} > N_A \\ V_B^* = \dfrac{N_B(1 + \delta_2)}{1 - \delta_1\delta_2} > N_B \end{cases} \tag{2-12}$$

于是可得式（2－10）代表的农旅融合系统的雅可比矩阵，如式（2－13）所示。

$$J = \begin{bmatrix} f_{V_A} f_{V_B} \\ g_{V_A} g_{V_B} \end{bmatrix} = \begin{bmatrix} r_A\left(1 + \delta_1 \dfrac{V_B}{N_B} - 2\dfrac{V_A}{N_A}\right) & -\dfrac{r_A V_A \delta_1}{N_B} \\ -\dfrac{r_B V_B \delta_2}{N_A} & r_B\left(1 + \delta_1 \dfrac{V_A}{N_A} - 2\dfrac{V_B}{N_B}\right) \end{bmatrix} \tag{2-13}$$

将上式代入均衡点，得到式（2－14）矩阵。

$$A_{balance}=\begin{bmatrix} -r_A\dfrac{1+\delta_1}{1-\delta_1\delta_2} & -r_A\dfrac{N_A}{N_B}\dfrac{\delta_1(1+\delta_1)}{1-\delta_1\delta_2} \\ -r_B\dfrac{N_B}{N_A}\dfrac{\delta_2(1+\delta_2)}{1-\delta_1\delta_2} & -r_B\dfrac{1+\delta_2}{1-\delta_1\delta_2}\end{bmatrix} \tag{2-14}$$

于是得到系统的稳定结点$P\left[\dfrac{r_A(1+\delta_1)+r_B(1+\delta_2)}{1-\delta_1\delta_2},\dfrac{r_Ar_B(1+\delta_1)\times(1+\delta_2)}{1-\delta_1\delta_2}\right]$。

基于以上分析，农业与旅游业两系统在经济、生态与文化三个子系统中相互交叉、渗透，引致两系统相互融合中存在稳定结点，并且在稳定结点附近长期均衡发展。

由上述分析可知稳定结点的相轨线如图2-2所示，其中P是全局的稳定点。

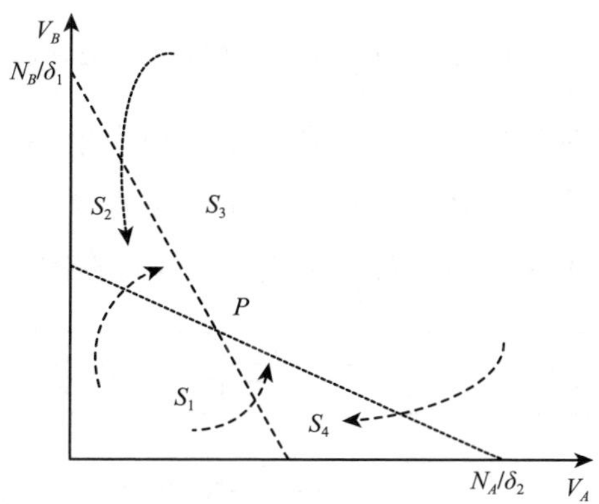

图2-2　稳定结点相轨图

2.1.3　农旅融合典型表现：全国休闲农业与乡村旅游示范县

休闲农业与乡村旅游示范县的评选标准①要求：产业优势突出、基础条件完备、发展成效显著，即要求农业与旅游业在经济方面相互协调相互融合；行业规范要求，休闲农业与乡村旅游业的发展不能破坏农业生产，不能污染和破坏生态环境，即要求农业与旅游业在生态方面相互协调；乡村旅游从业

① 有关示范县评选标准详见《农业部　国家旅游局关于开展全国休闲农业与乡村旅游示范县和全国休闲农业示范点创建活动的意见》。

人员30%以上取得相应的职业资格证书或60%以上接受过专门培训，并且要求要有地域、民俗和文化特色，即农业与旅游业在文化方面相互融合。如图2－3所示，休闲农业与乡村旅游示范县的评选标准强调农业与旅游业在经济、生态、文化三方面要相互协调相互融合。

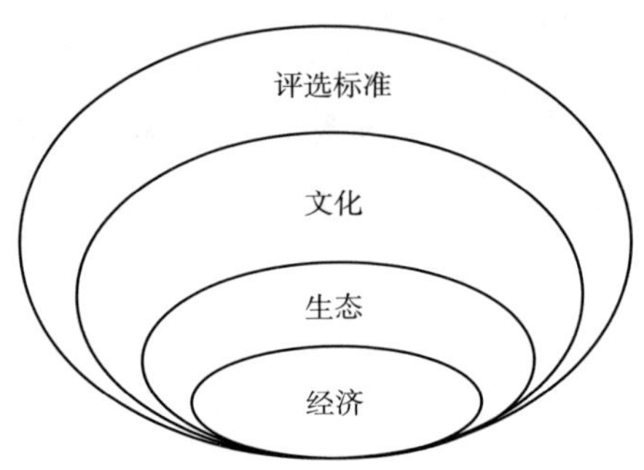

图2－3　全国休闲农业与乡村旅游示范县评选标准

由农旅融合的机理可知，农旅融合突出表现为生态、经济与文化的相互渗透、交叉，最终融合为一体，农旅融合水平可用农业与旅游业在经济、生态和文化三个子系统的相互融合程度来表征，体现在图2－4中。

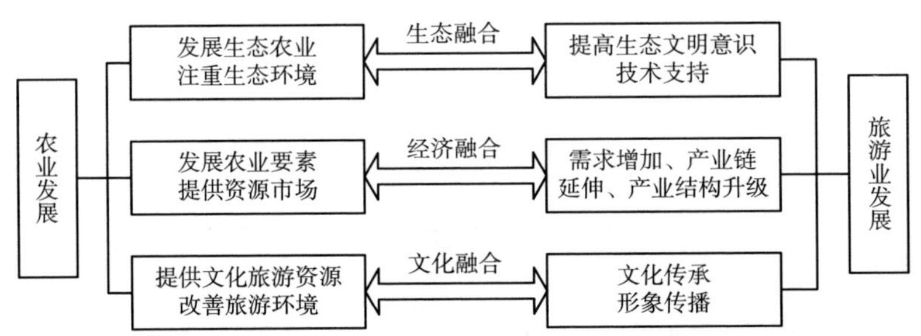

图2－4　农业与旅游业融合水平表征

第一，从生态角度分析。旅游生态发展促进农业生态效率发展主要体现在促进农业生态经营上。生态旅游不仅需要青山绿水，空气新鲜的环境，而且需要生态农产品供应。满足生态旅游的这些要求，需要农业生产活动减少对环境的破坏与污染，增加生态农产品的生产。生态农业发展促进生态旅游业的发展，主要体现在促使旅游生态环境与体验的改善。生态农业不仅向旅游业提供生态农产品与服务，还可以净化空气，增加环境生态价值体验的需求。

第三，从经济角度分析。旅游经济发展对农业经济作用主要体现在促进农产品需求，从而促进农业产值的增加。主要表现在：旅游业发展拉动了衣食住行需求的增加，衣食住行中的产品或服务非常大的比例来源于农业生产，直接导致农产品需求的增加，从而实现农业产值增加。农业发展对旅游业的经济作用主要体现在促进农业优质产品与服务向旅游业转移，为旅游业的衣食住行提供优质农产品与服务供给上的保障，从而促进旅游业产值增加。

第三，从文化角度分析。旅游文化发展促进农业文化发展，主要体现在促进农业文化的传播上。旅游文化的发展需要人们通过各种方式对当地的农耕文化、民俗文化及自然文化遗产等进行挖掘，赋予旅游文化元素与特征，并进行广泛传播。具有一定文化基础的人群在文化挖掘中起到了非常重要的作用，他们也可以通过互联网等媒介进行旅游文化传播。农业文化发展促进旅游文化的发展主要体现在农耕文化与民俗文化在不断演化发展过程中不断地加进了旅游文化元素的内涵，从而丰富并发展了旅游文化。农耕文化与民俗文化的演化发展依靠的是知识农民对传统农业文化的续传与改造，他们不断参与到旅游活动中去，促进旅游文化发展。

农旅融合是指农业与旅游业相互渗透、交叉，最终融为一体，逐步形成新型业态的发展过程。休闲农业是贯穿农村一二三产业，融合生产、生活和生态功能，紧密连接农业、农产品加工业、服务业的新型农业产业形态和新型消费业态。农旅融合水平突出表现为农业与旅游业在经济、生态、文化三方面相互协调相互融合的程度，这较好符合高度农旅融合的标准。综上分析可知，全国休闲农业与示范县是农旅融合的典范。

2.2 乡村振兴战略背景及目标分析

2.2.1 乡村振兴战略背景

新中国成立期初，为了实现工业发展目标，中国采取城市主导乡村和工业主导农业的发展战略，建立了城乡分隔的体制。在这一时期的农业养育工业的政策导向下，乡村只是被动满足城市的发展，农业部门的农业资源不断输出到工业部门，为工业部门发展提供生产所需资本积累。改革开放后，中国政府放弃了重工业优先发展战略，采取比较优势发展战略，发展劳动密集型产业，农村青壮年劳动力不断流入城市工业部门，为城市工业部门提供廉价的劳动资本，造就了“中国制造”工业品的竞争优势和城市的繁荣。在 Lewis（1954）[168]二元结构论思想导向的发展战略下，伴随而来的是农村空心化、农村人口老龄化、撂荒、农村生态环境破坏等农村发展不平衡不充分问题，城乡居民收入差距较大，城乡基础设施差距较大，乡村发展滞后于城市，城乡二元结构现象表现突出。面对生产要素的高速非农化、农村主体的过早老弱化、村庄用地的严重空虚化、农村水土环境污损化及乡村地区深度贫困化等农村凋敝现状（刘彦随，2018）[30]，2017 年中央农村工作会议提出走城乡融合发展之路，党的十九大报告提出了乡村振兴战略。城乡关系的发展先后经历了城乡分隔到城乡统筹、城乡一体化再到城乡融合的过程，明晰乡村振兴战略，需梳理城乡关系演变的历史进程。重塑城乡关系，构建城乡融合的体制机制关乎乡村振兴战略的有效实施。

2.2.2 乡村振兴战略的内容体系

（1）乡村振兴战略发展目标

2018 年的“中央一号文件”对党的十九大报告提出的乡村振兴战略进行了目标细化与分解，分别设定 2020 年、2035 年、2050 年乡村振兴战略的具体目标。即到 2020 年，制度框架和政策体系基本形成；到 2035 年，基本实现农业农村现代化；到 2050 年，全面实现“农业强，农村美、农民富”的目标，乡村全面振兴①。

（2）乡村振兴战略总方针

在乡村振兴战略目标实现过程中，要按照“产业兴旺、生态宜居、乡风文明、治理有效、生活富裕”的总方针，健全制度框架与政策体系②。乡村振兴总体方针逻辑关系如图 2－5 所示。

---

①② 参见《中共中央　国务院关于实施乡村振兴战略的意见》，《中华人民共和国国务院公报》，2018 年 1 月 2 日。

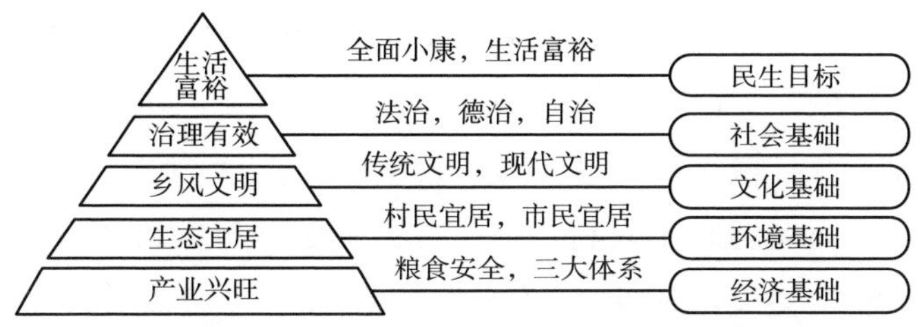

图 2-5　乡村振兴总体方针逻辑关系

“产业兴旺”是乡村振兴战略实施的重点，是乡村振兴的经济基础、核心和底线。“产业兴旺”的实现必须以农业现代化为基础，延长农业产业链，拓宽农业多功能性，走农村三产融合发展的道路。“产业兴旺”是以质取胜而不是以量取胜的产业兴旺，注重产业体系、生产体系、经营体系三大体系的构建与完善，注重农业的供给侧改革，注重产业的绿色、优质、高效发展。

“生态宜居”是乡村振兴的环境基础。“生态宜居”的实现必须加强生态环境保护、加强农业劳动力的生态化意识，在兼顾满足农业增长的同时，尽可能节约资源和改善环境，协调农业投入产出关系，建设美丽乡村。“既要金山银山又要绿水青山”，“绿水青山就是金山银山”“生态宜居”强调人与自然的和谐共生，生态宜居的乡村成为不仅是农村居民所在地，也是城市居民向往所在地。

“乡风文明”是乡村振兴的文化基础。“乡风文明”既包括具有彰显中国特色的五千年历史传承的传统文明，又应体现与现代工业化、城市化、信息化社会发展相适应的现代文明，是两种文明的有机结合，互相融合。

“治理有效”是乡村振兴的社会基础。多元参与治理的协同性，是德治、善治、法治有效统一，是乡风文明的重要体现。治理有效促进乡风文明，同时“乡风文明”提高“治理有效”水平。

“生活富裕”是乡村振兴的民生基础。“生活富裕”让乡村振兴主体（农民）生活富裕，即消除贫困，全面建设小康社会的生活富裕。

“产业兴旺”明确了乡村振兴的基本动力，是发展以农业为基础的产业。“生态宜居”体现的是乡村振兴中的农村生态环境，“乡风文明”和“治理有效”彰显乡村振兴农村精神文明风貌，农民富裕表明乡村振兴中的农民生活富裕。

乡村振兴战略的总体方针是锁定乡村振兴最终目标“农业强、农村美、农民富”，最终体现的是“农业、农村和农民”问题，即“三农”问题。乡村振兴总方针与乡村振兴最终目标内在关联如图2－6所示。“农业”不囿于农村第一产业，而应着眼于农村产业，“农业强”指农村产业的发展，突出表现为农村产业结构优化升级。“农村”是相对于“城市”而言的“农村”，“农村”不仅具有“农业”生产功能，而且是集生产、生活、学习功能于一体的大环境。“农村美”突出表现为随着农村劳动力素质的提高，农业生态化意识的增强，更加注重农村生态环境保护，主动减少农业生产过程中的有害物质投入，农村生态环境较好，成为人人向往的生态宜居地。“农民”的关键问题是收入，提高农民收入、消灭农村贫困是解决农民问题的关键节点。

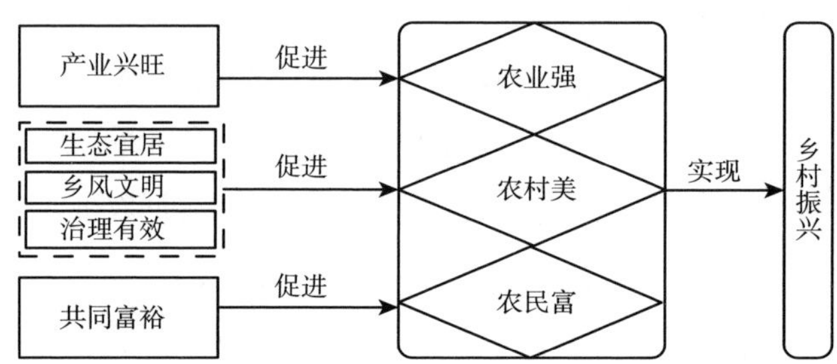

图2－6　乡村振兴总方针与乡村振兴最终目标内在关联

（3）乡村振兴战略内涵

①乡村振兴战略中城乡关系定位。在城乡二元结构背景下提出的乡村振兴战略，并非以牺牲城市发展为代价振兴乡村，而是“以城带乡”“城乡互动”“以智助农”融合发展来促进乡村振兴。破解城乡二元结构，推进城乡一体化，废除阻碍城乡人力资本等要素自由流动的体制机制，建立健全城乡融合发展的体制机制与政策体系，促进资本、技术在城市与乡村的自由流动，优化资源配置，缓解城乡发展不平衡和“三农”发展不充分，推进乡村振兴战略实施。

②乡村振兴战略中乡村定位。不同形态的乡村其演变趋势各不相同，第一类是随着工业化和城市化的发展，乡村已被覆盖或即将覆盖，如城中村和城郊村，这类村庄会很快成为城市的组成部分。第二类是人口相对集聚、社会服务功能健全的乡村，可能发展成生态特色小镇。第三类是人口集聚度不

高的传统乡村，其中一部分乡村则可能因其一方水土不能养活一方人而逐渐消亡，但大部分乡村通过实施乡村振兴，会实现农业农村优先发展，发展为美丽乡村（黄祖辉，2018）[1]。

③乡村振兴主要产业与主体定位。乡村振兴的主要产业是农业，乡村振兴的主体是农民。只有振兴农业这一主要产业，充分利用农业多功能性、挖掘农业农村的多元价值对冲农业份额的下降，合理配置农业资源，走产业融合的道路，才能真正实现农民增收。只有农民增收才能实现农民富裕，激发农民主体的内在动力，让农民参与到乡村振兴中来，践行“两山”理念，关注生态环境，改善生态环境，进而实现乡村生态宜居。

2.3 农旅融合促进乡村振兴的作用机理

2.3.1 农旅融合促进乡村振兴的内在机理

本章节以农业旅游部门和农业部门两部门为例进行分析，解析农旅融合能够实现“农业强、农村美、农民富”的内在机理。

乡村振兴的最终目标为“农业强、农村美、农民富”，假定农旅融合能够促进“农业强、农村美、农民富”，则说明农旅融合促进了乡村振兴，反之，则说明农旅融合阻滞了乡村振兴。为了用数理模型分析农旅融合促进乡村振兴机理，本书作出以下假设。

假设1：农业部门在进行农业生产的同时，也生产了农业生态资源，农旅融合越深入，越注重生态资源的保护，因此生产的生态资源的数量与农旅融合水平正相关。

假设2：农旅融合需要两种中间产品，即农业生态资源和农业旅游业基础设施的投入，农旅融合可表示为生态资源和农业旅游业基础设施的CES生产函数。

假设3：农业旅游业部门先进知识理念可溢出到农业部门，提高传统农业部门的全要素生产率，且溢出的程度与农旅融合水平有关，农旅融合越深入，旅游业部门的先进知识理念溢出到农业部门就越多。农旅融合越深入，农业生态资源产出也越多，所需投入的农业旅游业基础设施也越多。

假设4：农旅融合能够挖掘农业的生态价值，促进农业生态价格 P_c 提升，即农业的生态价格 P_c 随融合的深入而提高。

由上述假设可得到农业旅游业部门的生产函数，如式（2－15）所示。

$$Y_t = \left[\omega Y_c^{\frac{\varepsilon}{\varepsilon+1}} + (1-\omega) Y_b^{\frac{\varepsilon}{\varepsilon+1}}\right]^{\frac{\varepsilon+1}{\varepsilon}} \quad (2-15)$$

其中，Y_c、Y_b、Y_t 分别代表农业生态资源、农业基础设施和农业旅游业；参数 ω 表示在进行旅游业生产时，农业生态资源的重要程度；替代弹性 ε 表示产业最终产品之间的替代特征，$\varepsilon > 0$。

参考已有文献（Baumol，1967；Matsuyama，1992；易信和刘凤良，2018）[169][170]，农业 Y_a 和农业生态资源产业 Y_c 的生产函数均未将资本纳入生产要素。根据假设3农业生产的全要素生产率与农旅融合水平正相关，农业生态资源的产出与农旅融合水平正相关，农业旅游基础设施投入与农旅融合正相关，因此可得到农业 Y_a、农业基础设施 Y_b 和农业生态资源 Y_c 生产函数，生产函数如式（2－16）所示。

$$Y_a = [A\phi(\cdot)]^{\theta} A_a^{1-\theta} L_a^{\gamma}, Y_b = AL_b^{\gamma}[\phi(\cdot)k_b]^{1-\gamma}, Y_c = AL_c^{\gamma}\phi(\cdot) \quad (2-16)$$

式（2－16）中，A 代表全要素生产率；L 代表劳动力数量；k 代表资本；$\phi(\cdot)$ 代表农旅融合水平；γ 代表产出弹性，产出弹性 $0<\gamma<1$；θ 代表旅游业部门知识溢出到农业部门的程度。

为了实现农业旅游业的利润最大化，需选择最优的农业生态资源投入和基础支持产业资源投入，目标函数如式（2－17）所示。

$$\max_{Y_c, Y_b} P_t Y_t - P_c Y_c - P_b Y_b \quad (2-17)$$

对最大化问题式（2－17）求导，得到农业生态资源的价格等于旅游厂商使用农业生态资源的边际产品价值，支持基础产业资源的价格等于旅游厂商使用基础设施资源的边际产品价值（见式2－18）。

$$P_c = P_t\omega (Y_t/Y_c)^{\frac{1}{\varepsilon+1}} \quad P_b = P_t(1-\omega)(Y_t/Y_b)^{\frac{1}{\varepsilon+1}} \quad (2-18)$$

由于劳动要素是同质的且可自由流动，因此劳动的价格 W 等于厂商使用劳动边际产品价值，且各部门使用劳动边际产品价值相等（见式2－19）。

$$W_t = P_a[A\phi(\cdot)]^{\theta} A_a^{1-\theta}\gamma L_a^{\gamma-1} = P_c A\gamma L_c^{\gamma-1}\phi(\cdot) = P_b A\gamma L_b^{\gamma-1}[\phi(\cdot)k_b]^{1-\gamma} \quad (2-19)$$

农村总产值可表示为农业部门和农业旅游业部门两部门的总产值之和

（见式2-20）。

$$P_tY_t + P_aY_a = P_t\left[\omega Y_c^{\frac{\varepsilon}{\varepsilon+1}} + (1-\omega)Y_b^{\frac{\varepsilon}{\varepsilon+1}}\right]^{\frac{\varepsilon+1}{\varepsilon}} + P_aY_a \tag{2-20}$$

对式（2-20）求导得：$\partial(P_tY_t + P_aY_a)/\partial\phi(\cdot) > 0$，这说明随着农旅融合水平的不断提高，农业旅游业和农业的总产值越来越多，即表明农旅融合促进了“农业强”。

此外，根据假设4在农旅融合初期农业的生态价值未被人们发觉，随着融合的深入，农业的生态价值被重新定价，农业的生态价格P_c随融合的深入而提高，即$\partial P_c/\partial\phi(\cdot) > 0$，因此可得到式（2-21）。

$$\partial Y_cP_c/\partial\phi(\cdot) > 0 \tag{2-21}$$

假定农村生态价值提升能够通过市场机制的作用实现“农村美”，由式（2-21）说明农旅融合促进了农村生态价值提升，进而能够优化了农村生态环境，实现“农村美”。

同理，因为农旅融合增加了农业旅游业和农业的总产值，假设农民数量L不变，即可得到（见式2-22）。

$$\partial[(P_tY_t + P_aY_a)/L]/\partial\phi(\cdot) > 0 \tag{2-22}$$

假定政府是有为政府，人均总产值增加能够实现人均收入增加，并减缓贫困。由式（2-22）可得，农旅融合增加了农业旅游业和农业的人均总产值，进而增加了农村人均收入并减缓农村贫困，实现“农民富”。

综上，农旅融合能够促进“农业强、农村美、农民富”，根据乡村振兴的最终目标将其分解为“农业强、农村美、农民富”，设定方程，如式（2-23）所示。

$$Y = F(Z_1, Z_2, Z_3), Z_1 = f(X), Z_2 = g(X), Z_3 = \phi(X) \tag{2-23}$$

其中，Y代表乡村振兴；Z_1代表“农业强”；Z_2代表“农村美”；Z_3代表“农民富”；X代表农旅融合；$F(\cdot)$代表乡村振兴，它是“农业强、农村美和农民富”的函数；$f(\cdot)$是“农业强”关于农旅融合的函数；$g(\cdot)$是“农村美”关于农旅融合的函数；$\phi(\cdot)$是“农民富”关于农旅融合的函数。因此，可得到农旅融合对乡村振兴的综合影响效应（见式2-24）。

$$\frac{dY}{dX} = \frac{\partial Y}{\partial Z_1}\cdot\frac{\partial Z_1}{\partial X} + \frac{\partial Y}{\partial Z_2}\cdot\frac{\partial Z_2}{\partial X} + \frac{\partial Y}{\partial Z_3}\cdot\frac{\partial Z_3}{\partial X} \tag{2-24}$$

其中，$\frac{dY}{dX}$代表农旅融合对乡村振兴的综合效应；$\frac{\partial Y}{\partial Z_1} \cdot \frac{\partial Z_1}{\partial X}$代表农旅融合通过影响“农业强”而作用于乡村振兴；$\frac{\partial Y}{\partial Z_2} \cdot \frac{\partial Z_2}{\partial X}$代表农旅融合通过影响“农村美”而作用于乡村振兴；$\frac{\partial Y}{\partial Z_3} \cdot \frac{\partial Z_3}{\partial X}$代表农旅融合通过影响“农民富”而作用于乡村振兴。

由上述推导可知，农旅融合促进乡村振兴是通过三条途径不断推进：第一条途径，农旅融合通过促进“农业强”，推进乡村振兴；第二条途径，农旅融合通过促进“农村美”，推进乡村振兴；第三条途径，农旅融合通过促进“农民富”，推进乡村振兴。通过上述三条途径，共同推进乡村振兴。农旅融合促进乡村振兴的理论框架如图 2－7 所示。

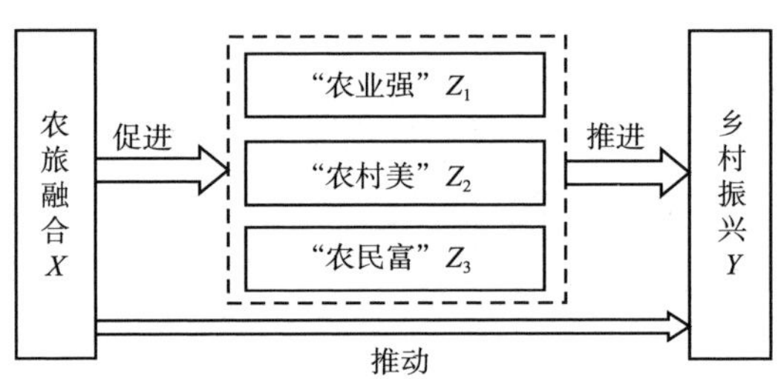

图 2－7　农旅融合促进乡村振兴的理论框架

2.3.2　农旅融合促进乡村振兴的收敛性分析

（1）收敛性定义

在经济增长过程中，收敛性使用较频繁，本章节以经济增长为例解释收敛性含义。落后的中部地区和西部地区在经济增长中能否赶超发达东部地区，落后的农村能否赶超发达的城市是关乎解决经济发展不平衡不充分的关键问题，这一问题的本质是收敛性能否实现，城乡能否融合。假定用人均收入来表示一个地区的福利高低水平，则经济增长的收敛性可被理解为人均收入较高的东部地区比人均收入较低的中西部地区经济增长速度更慢，人均收入较高的发达城市比人均收入较低的落后农村的经济增长速度更慢，即经济增长速度与该地区人均收入呈负向关联，因此最终将实现地区之间和城乡之间的人均收入差距不断缩小甚至完全消失。因而作出假设：$Y_1(t)$ 分别代表发达地区的人均收入和发达城市人均收入，$Y_2(t)$ 分别代表落后地区和落后农村人均收入，当 $Y_1(t) > Y_2(t)$ 时，经济增长出现收敛，人均收入水平低的落后地区和农村经济增长速度更快，得到公式（2－25）。

$$\frac{Y_2(t_2) - Y_2(t_1)}{Y_2(t_1)} > \frac{Y_1(t_2) - Y_1(t_1)}{Y_1(t_1)}, t_2 > t_1 \tag{2-25}$$

式（2－25）也可表示成式（2－26）形式。

$$\frac{\dot{Y}_2}{Y_2} > \frac{\dot{Y}_1}{Y_1} \tag{2-26}$$

式（2－26）说明发达地区和城市的经济增长率低于落后地区和农村的经济增长率，当经济增长的收敛现象存在时，式（2－26）成立，但这仅是经济增长收敛现象存在的必要条件。在式（2－26）存在的前提下，式（2－27）是论证经济增长收敛性的保障。

$$\lim_{t \to 0} Y_2(t) = Y_1(t) \tag{2-27}$$

式（2－27）说明，当经济增长期限足够长时，落后地区和农村人均收入水平随经济发展逐渐趋同于发达地区和城市人均收入水平。当经济增长过程仅满足式（2－26）时，相应地区增长率会出现收敛，但经济增长率的收敛并不一定预示地区之间和城乡之间的人均收入水平也收敛，只有同时满足式（2－26）和式（2－27）才能说明经济出现收敛。经济增长过程中的收敛性是否存在等相关问题是经济增长研究领域的关键问题，也是城乡融合的关键。本章借鉴索洛模型分析农旅融合促进乡村振兴的敛散性。

（2）农旅融合促进乡村振兴的敛散性分析

新古典增长模型表明，落后地区人均资本存量较低，其资本边际产出较高，更有利于资本积累，导致落后地区人均 GDP 增幅比发达地区更高。事实上，凋敝的农村主要集中在中西部地区，即经济不发达地区农村问题尤为突出，因此不发达地区乡村振兴尤为迫切。本章节采用新古典增长模型探究农旅融合如何促进乡村振兴，构建如式（2－28）所示模型分析农旅融合促进乡村振兴的敛散性。

$$Y_{it} = K_{it}^{\alpha} (A_{it} L_{it})^{1-\alpha} \tag{2-28}$$

乡村振兴包括三个维度：产业结构优化升级、农业生态效率提升和农民富裕。选择 Y 代表乡村振兴，K 代表资本存量，A 代表技术，L 代表劳动。资本存量变化如式（2－29）所示。

$$\dot{K}_{it} = sY_{it} - \delta K_{it} \tag{2-29}$$

其中，s、δ 分别代表储蓄率、折旧率，人口 L、技术 A 在古典增长模型中是指数增长模型，即 $L_{it}=L_{i0}e^{at}$、$A_{it}=A_{i0}e^{at}$。因为发展农旅融合过程中的游客大多来自城市，技术水平普遍高于农村劳动力，游客的先进知识经验渗透到旅游业部门，旅游业部门技术水平得到提高，旅游业部门与农业部门相互融合，旅游业部门的先进知识溢出到农业部门，农业部门技术水平得到提升。技术水平设定如式（2－30）所示。

$$A_{it} = A_{i0}e^{\beta t}A_{jt}^{\lambda} \tag{2-30}$$

式（2－30）中，A_{it}代表 i 地区农村 t 时刻的技术水平，该技术由初始水平 A_{i0}、增长率 β 及该地区城市的技术增长率共同决定；λ 表示 t 时刻的溢出效应，用农旅融合水平表征，假定农旅融合水平越高，溢出效应越大。

对式（2－30）两边取对数，得到式（2－31）。

$$\ln A_{it} = \ln A_{i0} + \beta t + \lambda \ln A_{jt} \tag{2-31}$$

得到 A 的增长率（见式 2－32）。

$$\frac{\dot{A}_{it}}{A_{it}} = \frac{g}{1-\lambda} \tag{2-32}$$

在均衡条件下，根据索洛模型的动态学原理，有 $\hat{y}_{it}=\hat{k}_{it}^{\sigma}$，$\hat{y}_{it}$和 $\hat{k}_{it}$分别是地区 i 的乡村振兴和人均资本存量的均衡变量。由此，可得到有效人均资本存量的增长率（见式 2－33）。

$$\dot{\hat{k}}_{it} = s\hat{k}_{it}^{\sigma} - \left(\frac{\dot{L}_{it}}{L_{it}} + \frac{\dot{A}_{it}}{A_{it}} + \delta_i\right)\hat{k}_{it} = s\hat{k}_{it}^{\sigma} - \left(p + \frac{g}{1-\lambda} + \delta_i\right)\hat{k}_{it} \tag{2-33}$$

当 $\dot{\hat{k}}_{it}=0$ 时，得到稳态的人均资本存量（见式 2－34）。

$$\hat{k}_{it}^{*} = \left(\frac{s_i}{p+g/(1-\lambda)+\delta_i}\right)^{\frac{1}{1-\sigma}} \hat{y}_{it}^{*} = \left(\frac{s_i}{p+g/(1-\lambda)+\delta_i}\right)^{\frac{\sigma}{1-\sigma}} \tag{2-34}$$

式（2－34）中，区域 i 的折旧率和储蓄率分别用 δ_i 和 s_i 来表示。区域收敛到同等乡村振兴水平和资本存量时，折旧率水平和储蓄率水平必须趋于一致。将式（2－34）进行对数线性化，可得式（2－35）。

$$\frac{\partial(\ln\hat{k}_{it}-\ln\hat{k}_i^*)}{\partial t}=-\xi^i(\ln\hat{k}_{it}-\ln\hat{k}_i^*),\xi^i=(1-\sigma)\left(p+\frac{g}{1-\lambda}+\delta_i\right) \tag{2-35}$$

求解 ln$k$ 的一阶差分，可得式（2－36）。

$$\ln Y_{it2}=\ln A_{it2}-e^{-\xi\tau}\ln A_{it1}+e^{-\xi\tau}\ln Y_{it1}+(1-e^{-\xi\tau}\ln Y_i^*) \tag{2-36}$$

将式（2－31）代入式（2－36）得到式（2－37）。

$$\ln Y_t=(1-\lambda)^{-1}(\gamma\ln Y_{t-1}+c_n+\tau_n l_n+U_{nt}) \tag{2-37}$$

其中，c_n 代表个体固定效应，$c_n=(1-e^{-\xi\tau})\left[\ln A_0+\frac{\sigma(1-\lambda)}{1-\sigma}\ln X_n\right]$，$\tau_n$ 是时间固定效应。

$\gamma=(1-\lambda)^{-1}e^{-\xi}$ 衡量一个地区是否出现农旅融合促进乡村振兴的收敛现象。若 $\gamma<1$，说明落后地区通过农旅融合促进乡村振兴的效应功效较之于发达地区更大，即农旅融合能够有效促进落后地区乡村振兴。

第3章 ◎

农旅融合优化农村产业结构机理与实证分析

第2章分析了乡村振兴的最终目标和农旅融合促进乡村振兴的三条路径。本章探究农旅融合促进乡村振兴的第一条作用路径——农旅融合促进农村产业结构优化升级的内在机理与实证分析。

农旅融合通过促进消费，增加资本积累两条路径优化农村产业结构。相较于城市产业结构优化升级而言，农村产业结构优化升级问题面临着更加特殊的情况。我国农村长期缺乏资金、技术与相关政策体系的支持，因此广大农村单纯利用资金、技术或者各种政策来促进农村产业结构优化升级的方式不具有普遍可行性。但是，农旅融合从农村产业融合的视角提供了一种促进农村产业结构优化升级的可行方式。通过农旅融合促进农村产业结构优化升级，对于资金、技术等稀缺要素的需求程度要低一些，可以一定程度上缓解我国广大农村地区资金、技术等稀缺要素短缺问题。

3.1 农旅融合优化农村产业结构的机理分析

3.1.1 农旅融合优化农村产业结构的作用机理

产业结构优化升级包含产业结构合理化和产业结构高度化两个维度，其中产业结构合理化是产业结构优化升级的前提与基础，产业结构高度化是建立在产业结构合理化的基础上进行的（干春晖等，2011）[69]，农旅融合促进农村产业结构优化升级的作用机理如图3－1所示。

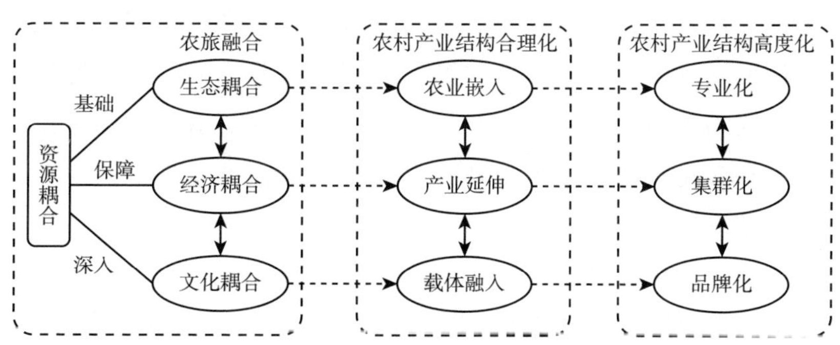

图3－1　农旅融合优化农村产业结构机理

（1）农旅融合促进农村产业结构合理化的机理分析

农村产业结构合理化表现为一定经济条件下的农业、农村工业与农村服务业的比例关系与协调性，其中，农村劳动力在各产业中的合理配置是农村产业结构合理化的关键。长期以来，农业领域滞留了大量的农村劳动力资源，农村产业结构扭曲。随后，沿海地区经济发展吸纳了大量农村劳动力，使产业结构合理化在全国范围得到了很大程度上的改善，但是，农村内部的第一、二、三产业之间的资源流通渠道不畅通，产业结构合理化问题仍然存在。农旅融合的出现与发展，促使农村产业结构合理化效应显著。

农旅融合新业态的出现，为农业与农村服务业之间的资源流通搭建桥梁，在经济、生态与文化耦合作用下，不同产业间的资源加速流通协调，产业结构合理化的情况快速好转。第一，经济耦合带动产业链延伸，促使农业剩余劳动力转移。农旅融合带动了餐饮等其他服务业的发展，农村产业链延长带来显著的就业效应，把大量的农业剩余劳动力转移到交通运输、餐饮、住宿等行业。这些延伸产业的经济效益远高于农业带来的经济效益，由此带动资金、技术等资源向新型行业转变。由农旅融合衍生的农业加工业，以及餐饮、交通服务等行业的从业门槛较低，因此大部分农民从农业领域转向新的行业领域，不存在明显的知识与能力障碍。第二，生态耦合使农业嵌入旅游业，带动农民就业。生态环境的农业根植性决定了农村劳动力有机会融入新的资源耦合体，改变农村产业之间的就业结构。农业领域中的自然生态资源与农民之间存在天然的时空联系，无论这些生态资源的运行方式如何变化，总是需要农民进行维护与管理。第三，文化耦合促使文化载体融入旅游业，给本地农民带来新的就业机会。原生态特征决定了本地农民成为本地文化的唯一载体，这就需要带动承载这些文化的农民一起融入。在文化资源耦合带来高收益的驱动下，更多具备当地文化知识的农民跨入这一新的行业。

（2）农旅融合促进农村产业结构高度化的机理分析

产业结构高度化实际上包括产业间的比例关系的演进与劳动生产率的提高，并且二者需要呈现一致关系，表现为经济体中劳动生产率较高的产业所占的份额越来越大（汪伟等，2015；刘伟等，2008）[171][172]。农村产业结构高度化表现为由农村第一产业占优势向农村第二、三产业占优势比例的方向顺序演进，亦即由低附加值农业占优势比例向高附加值农村产业占优势比例的方向顺序演进，由劳动密集型农业占优势比例向资金、技术密集型的农村工业、服务业占优势比例的方向演进。

要起到促进农村产业结构高度化发展的作用，农旅融合需要经过集群化、专业化与品牌化来进一步促进自身发展：第一，经济耦合推动农旅融合集群化经营。农旅融合发展的初级阶段表现碎片化的零散经营，通过大资金、高技术以及社会资本的耦合作用，把碎片化的农旅融合产业进行集群化整合，形成规模化的集群产业，实现产业价值链的提升。第二，生态耦合推动农旅融合专业化经营。农旅融合同质化的低端产品与服务很难创新生态资源的耦合模式，提升资源的生态价值。通过专业化设计，在原有生态理念中加入新的生态元素，并赋予新的生态含义，新的资源耦合产业需要围绕新的消费需求，设计各种以价值体验为主的产品与服务体系，就会不断提升新业态的生态价值链。第三，文化耦合推动农旅融合品牌化经营。文化资源在一定的情景或者相匹配的环境资源条件支撑下才会提升价值，文化资源融入匹配的生态资源，形成品牌效应。

农旅融合通过集群化、专业化与品牌化方式，可以促进农村产业结构高度化发展。首先，通过集群化、专业化与品牌化发展，农旅融合可以提升农村第三产业的占比优势。农旅融合发展将直接带动农村运输、住宿、餐饮、娱乐等关联产业的同步发展，同时带来农村金融服务、信息等支撑服务产业的发展。因此，农旅融合通过集群化、专业化与品牌化的发展方式，促使劳动、资金、技术与知识等要素不断向农村第三产业聚集，围绕农旅融合相关的农村服务产业链的价值将不断攀升，农村第三产业在农村一二三产业中占据的比例会越来越高。其次，通过集群化、专业化与品牌化发展，农旅融合可以提升农村第二产业的占比优势。在农旅融合促进第三产业发展的同时，围绕农旅融合的农村食品加工业、建筑业等第二产业也需要不断发展，伴随劳动、资金、技术与知识等要素不断流入，农村第二产业在整个产业中的占比会越来越比农业的占比数值高。因此，农旅融合可以不断提升农村第二、三产业占比优势，促进农村产业结构高度化发展。

3.1.2 农旅融合优化农村产业结构的机理模型

（1）农旅融合优化农村产业结构的直接作用机理

①全国层面分析。一是，农旅融合对农村产业结构合理化的直接作用机理。农村产业结构合理化表现为一定经济条件下的农业、农村工业与农村服务业的比例关系与协调性。中国产业结构合理化主要通过劳动力自由流动实现（吴万宗等，2018）[173]。农村劳动力在各产业中的合理配置是农村产业结构合理化的关键，因此本书用农村劳动力在各产业中的相对比例来反映农村产业结构合理化程度。为了用数理模型分析农旅融合促进农村产业结构合理化的机理，本章节需要作出一些说明。

说明1：农业部门在生产过程中除生产农产品以外还带来了生态环境的正效应，本章节将它定义为农业生态资源，因此农业生产在带来农业产品产值 Y_a 的同时，也带来了生态资源产值 Y_c。但是，两种产值并不是按照固定的要素比例生产，不同的生产目的与方式导致两种产值需要的要素是不一样的，因此 Y_a 与 Y_c 运用两个独立的不同生产函数来表示。

说明2：农旅融合除需要农业生态资源 Y_c 外，还需要一定的基础支持产业 Y_b，最后形成农村旅游业产值 Y_t。因此，农村旅游业产值 Y_t 可以表示为农业生态资源 Y_c 与支持产业产值 Y_b 为自变量的 CES 生产函数。其中，支持农旅融合需要的产业有农业加工业、农村建筑业、农村物流、餐饮业等，这些产业包括除了农村旅游业以外几乎所有的农村第二、三产业，因此，本书把产值 Y_b 表示为除农村旅游业以外的农村第二、三产业产值①。

说明3：产值 Y_a、Y_b 与 Y_c 的生产函数需要劳动力与技术等要素投入，用 L 代表劳动要素投入，A 代表技术水平。另外，农旅融合水平 $\phi(\cdot)$ 越高，则农业生态资源 Y_c 的产值提升越快，因此，Y_c 可以表示为农旅融合水平 $\phi(\cdot)$ 的函数，表示生产函数 Y_c 随农旅融合水平的深入而增加。

根据说明2，农村旅游业产值 Y_t 可以表示为农业生态资源 Y_c 与支持产业

① 在农村旅游业还没有发展以前，全国绝大部分农村的第三产业比例非常小，因此，支持产业产值 Y_b 中的第三产业产值的比例非常小。

产值 Y_b 的函数，因此可得式（3－1）。

$$Y_t = \left[\omega Y_c^{\frac{\varepsilon}{\varepsilon+1}} + (1-\omega) Y_b^{\frac{\varepsilon}{\varepsilon+1}}\right]^{\frac{\varepsilon+1}{\varepsilon}} \tag{3-1}$$

其中参数 ω 表示发展旅游业时，农业生态资源的重要程度；替代弹性 ε 表示行业最终产品之间的替代特征，并且 $\varepsilon>0$。

参考已有文献（Baumol，1967；Matsuyama，1992；易信和刘凤良，2018）[169-171]，在考虑农业产值 Y_a、支持产业产值 Y_b、农业生态资源 Y_c 产出时，未将资本纳入生产要素①，劳动是唯一的生产投入要素。根据说明3，生产函数如式（3－2）所示。

$$Y_a = A_a L_a^{\gamma},\ Y_b = A L_b^{\gamma}, Y_c = A L_c^{\gamma}\phi(\cdot) \tag{3-2}$$

式（3－2）的 γ 代表产出弹性，产出弹性 $0<\gamma<1$。

为了实现农村旅游业的利润最大化，选择最优农业生态资源投入和基础支持产业资源投入，目标函数如式（3－3）所示。

$$\max_{Y_c,Y_b} P_t Y_t - P_c Y_c - P_b Y_b \tag{3-3}$$

对最大化问题式（3－3）求导，得到农业生态资源的价格等于旅游厂商使用农业生态资源的边际产品价值，支持基础产业资源的价格等于旅游厂商使用基础设施资源的边际产品价值（见式3－4）。

$$P_c = P_t\omega\,(Y_t/Y_c)^{\frac{1}{\varepsilon+1}};\ P_b = P_t(1-\omega)\,(Y_t/Y_b)^{\frac{1}{\varepsilon+1}} \tag{3-4}$$

由于劳动要素是同质的且可自由流动，因此劳动的价格等于厂商使用劳动边际产品价值，且各厂商使用劳动边际产品价值相等（见式3－5）。

$$W_t = P_a A_a \gamma L_a^{\gamma-1} = P_c A \gamma L_c^{\gamma-1}\phi(\cdot) = P_b A \gamma L_b^{\gamma-1} \tag{3-5}$$

由式（3－4）和式（3－5）可得农业生态资源生产和基础支持产业设施生产的劳动力分配关系如式（3－6）所示。

$$L_c/L_b = [(\omega/[1-\omega))^{\varepsilon+1}\phi(\cdot)^{\varepsilon}]^{\frac{1}{\varepsilon+1-\gamma\varepsilon}} \tag{3-6}$$

令 $L_a+L_b+L_c=L$，$L_b+L_c=L_t$，$\Delta = [[\omega/(1-\omega)]^{\varepsilon+1}\phi(\cdot)^{\varepsilon}]^{\frac{1}{\varepsilon+1-\gamma\varepsilon}}$，将式（3－6）代入式（3－1），得到式（3－7）。

① 生产函数考虑资本的投入，不会影响模型的分析结果，但是，为了数理模型分析的简捷性，参考 Baumol（1967）[169]、Matsuyama（1992）[170] 以及易信和刘凤良（2018）[171] 等文献的类似做法，本章没有考虑资本的投入。

$$Y_t = AL_t^{\gamma}\left\{\omega\left[\left[\Delta/(1+\Delta)\right]^{\gamma}\phi(\cdot)\right]^{\frac{\varepsilon}{\varepsilon+1}} + (1-\omega)\left[\left[1/(1+\Delta)\right]^{\gamma}\right]^{\frac{\varepsilon}{\varepsilon+1}}\right\}^{\frac{\varepsilon+1}{\varepsilon}} \tag{3-7}$$

令 $B = \left\{\omega\left[\left[\Delta/(1+\Delta)\right]^{\gamma}\phi(\cdot)\right]^{\frac{\varepsilon}{\varepsilon+1}} + (1-\omega)\left[\left[1/(1+\Delta)\right]^{\gamma}\right]^{\frac{\varepsilon}{\varepsilon+1}}\right\}^{\frac{\varepsilon+1}{\varepsilon}}$，得到式（3－8）。

$$Y_t = AL_t^{\gamma}B \tag{3-8}$$

对式（3－8）求劳动投入要素的一阶导数，得到旅游业部门劳动的价格，如式（3－9）所示。

$$W_t = P_t BA\gamma L_t^{\gamma-1} \tag{3-9}$$

由式（3－5）和式（3－9）得到式（3－10）。

$$\frac{L_t}{L_a} = \left(\frac{P_t BA}{P_a A_a}\right)^{\frac{1}{1-\gamma}} \tag{3-10}$$

对式（3－6）求导得：$\partial(L_c/L_b)/\partial\phi(\cdot) > 0$，同理可得 $\partial(L_c/L_a)/\partial\phi(\cdot) > 0$。另外，对式（3－10）求导可得到：$\partial(L_t/L_a)/\partial\phi(\cdot) > 0$。这说明，随着农旅融合水平的不断提高，$L_c/L_b$、$L_c/L_a$ 与 L_t/L_a 比值越来越大。表明随着农旅融合水平的不断提高，农村劳动力越来越多地流向更高级的产业，即越来越多地流向农村第三产业或者第二产业，农村产业结构合理化程度越高。

二是，农旅融合对农村产业结构高度化的直接作用机理。农村产业结构高度化表现为农村产业间的比例关系演进与劳动生产率的提高，产业结构高度化是建立在合理化的基础上进行的。农旅融合通过经济、生态、文化资源融合，不断提升农村第二、三产业占比优势，促进农村产业结构高度化发展。

承接上面数理模型分析基础，结合式（3－1）、式（3－9）和式（3－10）可知，农村旅游业与农业产出之比如式（3－11）所示。

$$Y_t/Y_a = (P_t/P_a)^{\frac{\gamma}{1-\gamma}}\left[(AB)/A_a\right]^{\frac{1}{1-\gamma}} \tag{3-11}$$

式（3－6）求导得：$\partial(Y_t/Y_a)/\partial\phi(\cdot) > 0$，同理，按照同样的分析方法，可以得到：$\partial(Y_t/Y_b)/\partial\phi(\cdot) > 0$，结合这两个导数式子，说明随着农旅融合的不断深入，相对于农村第一、二产业来说，农村旅游业的产出比例不断增加，从而促进了农村产业高度化发展。因此，本章提出如下假说。

H1：农旅融合对农村产业结构优化升级存在正向影响，即农旅融合促进了农村产业结构优化升级。

②区域层面分析。总体上，农旅融合能够优化农村产业结构，促进资源合理配置，主要表现为加速农业劳动力流动，实现农业劳动力的有效利用进而促进农村产业结构合理化，推进农村第一产业向二三产业转移进而实现农村产业结构高度化。但是，农旅融合对实现农村产业结构合理化的促进功效呈现出地区差异。经济较发达的东部地区，资源配置相对合理，支持农旅融合的基础产业相对较完善，致使借助农旅融合转移的农业劳动力有限。而经济欠发达的中西部地区，在未发展农旅融合时，农村内部的一二三产业之间因渠道不畅而使农业劳动力资源难以流通，农旅融合新业态的出现拓展了不同产业间的资源流通渠道，加速了产业间资源的流通和协调，从而借助农旅融合能够转移大量农业劳动力。因此，本书推测，中西部地区农旅融合促进农村产业结构合理化的作用较之于东部地区更大。产业结构高度化表现为由低附加值产业向高附加值产业转移的过程，农旅融合能够增加农村产业附加值，与其农村生态资源及技术水平相关，技术水平相对较高的经济发达地区，强化了其借助农旅融合实现产品附加值增加的作用，反之，技术水平欠佳的经济欠发达地区，其农旅融合增加产品附加值的作用较之于发达地区更弱。东部地区经济发达，中部地区农村生态资源较多，因此本书推测，农旅融合促进其农村产业结构高度化作用较之于西部地区更大。

（2）经济发展水平的调节作用机理

农旅融合受经济因素的驱动，经济融合是农旅融合的保障。农旅融合促进农村产业结构优化升级的有效程度，可能受制于经济发展水平。笔者推断，经济发展水平正向调节农旅融合对农村产业结构优化升级的影响。该推断基于以下理由：

第一，从农旅融合的市场需求角度分析。经济发展水平越高的地区，居民收入水平相对较高，旅游需求动机较强。居民对旅游需求越多，越有利于农旅融合深入发展。反之，经济不发达的地区，居民收入较低，居民收入主要用来满足马斯洛需求理论的生理需求。旅游需求动机不强，致使发展农旅融合市场空间不足，不利于农旅融合深入发展。

第二，从发展农旅融合需要的基础设施和服务设施角度分析。农旅融合的深入发展需要完善的旅游基础设施和服务设施（贺小荣和胡强盛，2018）[174]，经济发达地区，发展农旅融合所需旅游基础设施和服务设施较完善，为农旅融合的深入发展带来便利。反之，经济不发达地区，发展农旅融合的旅游基础设施和服务设施相对较欠缺，不利于农旅融合深入发展。据此，提出本章如下假说。

H2：经济发展水平正向调节农旅融合对农村产业结构优化升级的影响，即经济发展水平越高，农旅融合对农村产业结构优化升级的作用越强；经济发展水平越低，农旅融合对农村产业结构优化升级的作用越弱。

（3）农旅融合优化农村产业结构的内在机制

发展农旅融合能够促进当地消费需求，提升需求结构。随着农旅融合的不断发展，人们对农产品与旅游服务（或产品）需求都有提升，由于农产品的消费特性决定其农产品消费 C_a 增长是有限的，但是人们对旅游服务（或产品）消费 C_t 需求增长空间非常大，因此，随着农旅融合水平 $\phi(\cdot)$ 的不断发展，旅游消费与农产品消费之比 C_t/C_a 越来越大，即：$\partial(C_t/C_a)/\partial\phi(\cdot)>0$。

假设代表性家庭具有相同偏好，所以单个家庭与整体家庭决策行为具有一致性。假设某个区域内整个家庭用消费规模代表整个地区消费规模，因此可以用 C_a 表示消费农产品数量，C_t表示消费旅游产品数量。整体效用函数如式（3－12）所示。

$$U=\left(C_a^{\frac{\rho+1}{\rho}}+C_t^{\frac{\rho+1}{\rho}}\right)^{\frac{\rho+1}{\rho}} \tag{3-12}$$

家庭向农业部门和旅游业部门提供劳动，获得工资 W_t，所有收入全部用于消费，没有储蓄和投资，则家庭的预算约束，如式（3－13）所示。

$$P_aC_a+P_tC_t=W_tL \tag{3-13}$$

消费者效用最大化目标函数如式（3－14）所示。

$$\max_{c_a,c_t}(C_a^{\frac{\rho+1}{\rho}}+C_t^{\frac{\rho+1}{\rho}})^{\frac{\rho}{\rho+1}}-\lambda(P_aC_a+P_tC_t-W_tL) \tag{3-14}$$

求解式（3－14）的一阶导数，得到式（3－15）。

$$P_t/P_a=(C_t/C_a)^{\frac{1}{\rho}} \tag{3-15}$$

将式（3－15）代入式（3－12），得到式（3－16）。

$$Y_t/Y_a=(AB/A_a)^{\frac{1}{1-\gamma}}(C_t/C_a)^{\frac{\gamma}{\rho(1-\gamma)}} \tag{3-16}$$

令$f[\phi(\cdot)]=(AB/A_a)^{\frac{1}{1-\gamma}}$，$h(C_t/C_a)=(C_t/C_a)^{\frac{\gamma}{(1-\gamma)\rho}}$

则可以得到式（3－17）。

$$\frac{d(Y_t/Y_a)}{d\phi(\cdot)} = h(C_t/C_a)\frac{\partial[f[\phi(\cdot)]]}{\partial\phi(\cdot)} + f(\phi(\cdot))\frac{\partial h(C_t/C_a)}{\partial(C_t/C_a)}\cdot\frac{\partial(C_t/C_a)}{\phi(\cdot)} > 0 \tag{3-17}$$

式（3－17）中等号右边的每个函数与偏导数都是正的，说明发展农旅融合能够促进当地消费需求，提升需求结构，提高技术发展水平（孟广文和Hans，2011；王铁和郃鹏飞，2016）[175－176]。因此，本章提出如下假说。

H3a：农旅融合通过促进消费需求增加，推进农村产业结构优化升级。

农旅融合通过以下两条途径增加资本积累：第一条路径，发展农旅融合能够增加经济利益，增加收入（Privitera，2009；Hwang 和 Lee，2015）[145][177]，进而增加储蓄；第二条路径，通过发展农旅融合引进资本，进而增加资本积累。通过上述两条路径改变资本积累，从而改变要素丰裕度，改变产业结构。综上，本章提出如下假说。

H3b：农旅融合通过增加资本积累，促进农村产业结构优化升级。

本章农旅融合促进农村产业结构优化升级的理论框架如图3－2所示。

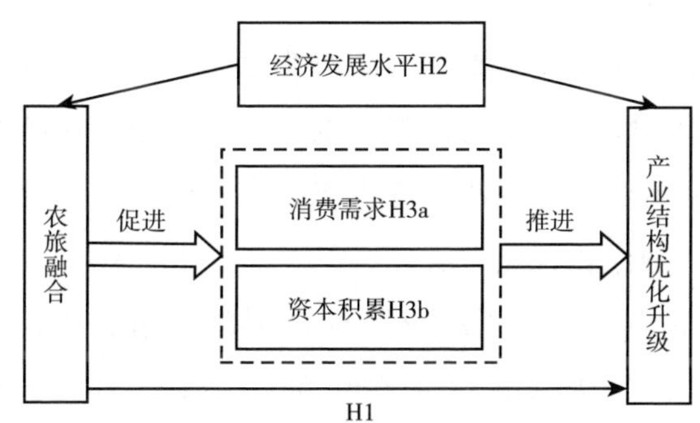

图3－2　农旅融合促进农村产业结构优化升级理论框架

3.2　模型设定

3.2.1　变量说明

“产业”一词来源于重农学派，特指农业，之后经过不断演化与发展，产业的内涵由原来的特指某一行业（农业），拓展到具有某些相同特征的经济或经济组织的集合与系统（杨公朴等，2008）[178]。产业结构的经典理论主要包括：霍夫曼定理（1931），其主要刻画了工业化进程中工业结构演变规律，即消费品部门与资本品部门净产值之比逐渐下降规律；配第—克拉克定理（1940），其描述了劳动力在三产业之间转移规律，即在经济发展水平较低时，劳动力由第一产业向第二产业转移，随着经济发展，国民收入的提高，劳动力又从第一、第二产业向第三产业转移；库兹涅兹法则（1941），其描述国民收入和劳动力在农业、工业、服务业部门之间变化规律，即在经济发展初期，农业部门的收入占 GDP 的比重及农业部门劳动力占全部劳动力的比重不断下降，工业部门的收入占 GDP 的比重及工业部门劳动力占全部劳动力的比重不断上升，但在经济发展水平较高时，服务业部门的收入占 GDP 的比重及服务业部门劳动力占全部劳动力的比重不断上升，呈现“驼峰”形。这三大产业经典理论极大地推动了产业理论的发展，学者们大多也是在这些理论基础上研究产业结构转型升级。

（1）因变量选取

产业结构转型是指生产要素在不同产业之间的配置和各产业产值比重的变化（Kuznets，1963）[62]。干春晖等（2011）[69]采用产业结构合理化和产业结构高度化两维度衡量产业结构优化升级，本书遵循该领域研究惯例，采用上述两维度衡量产业结构优化升级。

一是，产业结构合理化。产业结构合理化是指各生产要素合理配置，测度方法有产业结构偏离度法（干春晖等，2011）[69]与 Hamming 贴近度法（龚轶等，2015）[145]两种方法。其中产业结构偏离度法认为各产业在经济中的地位是相同的，这种方法显然不恰当，Hamming 贴近度法仅考虑产出结构合理性，没考虑就业结构的合理性，且在计算贴近度时将国际标准的贴近度作为参照物，没有考虑我国的具体情况。鉴于这两种方法各有不足，本章尝试将结构偏离度与 Hamming 贴近度法相结合，用国际标准模式产出结构替换为当期产业的就业结构计算贴近度，这样，既考虑了产出结构与就业结构的合理性，又考虑了我国具体地区的差异性。具体公式如式（3－18）所示。

$$RIS = 1 - \frac{1}{3}\sum_{i=1}^{3} |S_i^y - S_i^l| \quad (3-18)$$

其中 i 表示第 i 产业，$S_i^y = Y_i/Y$，$S_i^l = L_i/L$ 分别表示各地区各产业的产值比重和就业比重，RIS 越大表明产出结构与就业结构越接近，经济结构模式越合理。

二是，产业结构高度化。产业结构高度化是指产业结构由低级向高级调整的过程，突出表现为产业之间产出比例关系的改变，即第三产业占第二产业产出的比重。借鉴已有文献（干春晖等，2011；赵勇和魏后凯，2015；李虹和邹庆，2018）[69][179][180]，采用第三产业产出与第二产业产出之比度量产业结构高度化。

根据产业结构合理化和产业结构高度化的测度方法，得到全国农村各地级市农村产业结构合理化和产业结构高度化的测度结果。对农村产业结构合理化而言，整体上，我国大部分地级市农村产业结构合理化都处在区间0.6—0.7，农村产业结构合理化大于0.8的地级市较少，表明农村各产业要素配置效率大多处在中级水平，农村各产业要素配置效率处在高级水平的较少。从时间上分析，2011年比2010年农村产业结构合理化高的地级市有69个，2012年为79个，2013年为48个，2014年为114个，2015年为99个，2016年为97个，2017年为96个。

与农村产业结构合理化相比，我国大部分地级市农村产业结构高度化都大于0.6，表明第三产业与第二产业占比大多在0.6以上。从时间上看，2011年比2010年农村产业结构高度化高的地级市有88个，2012年为143个，2013年为185个，2014年为223个，2015年为239个，2016年为225个，2017年为195个，相较于农村产业结构合理化，各地级市农村产业结构高度化基本呈现逐年上升的态势。

（2）核心变量选取

选择全国休闲农业与乡村旅游示范县（以下简称“示范县”）代表农旅融合水平是因为示范县的评选标准强调农业与旅游业相互协调相互融合，入选示范县的农旅融合水平较高，示范县是高度农旅融合的典范。因此，一个地区如果评选为示范县的个数越多，则表明该地区农旅融合水平越高，考虑到不同地区县级行政单位个数不同，用该地区示范县的个数与该地区县级以上行政单位个数的比值来量化政府支持下的农旅融合水平，用 AT 表示。根据上述测算方法测算出全国各地级市的农旅融合水平（见表 3-1）。

表 3-1　　农旅融合变化趋势

年份	融合水平			
	全国	东部	中部	西部
2010	0.0119	0.0144	0.0115	0.0094
2011	0.0248	0.0275	0.0257	0.0204
2012	0.0389	0.0423	0.0413	0.3133
2013	0.0527	0.0588	0.0523	0.0461
2014	0.0656	0.0762	0.0624	0.0578
2015	0.0756	0.0967	0.0711	0.0568
2016	0.0965	0.1119	0.0885	0.0816
2017	0.0108	0.1211	0.0997	0.0876

由表 3-1 的结果可知，无论从全国层面还是从区域层面，农旅融合水平均呈现上升趋势，其中东部地区农旅融合水平最高，中部地区位居第二，西部地区次之。得益于中国政府高度重视农村产业融合，农旅融合水平呈现不断上升态势。测算结果与中国实际农旅融合水平相符合，这说明了示范县表征农旅融合水平的合理性。

（3）中介变量选取

①消费需求。消费者需求可引导产业结构转移，改善产业结构，借助实际零售消费总额（COM）来衡量。

②资本积累。资本积累增加可改变该地级市的要素丰裕度，从而调整产业结构，选取实际固定资产投资存量（FA）衡量资本积累。固定资产投资存量借助张军（2004）[181]永续盘存法进行计算，公式为：$K(t) = I(t) + (1-\delta)K(t-1)$，式中 $K(t)$ 表示第 t 年末各地级市的实际固定资产投资存量；$I(t)$ 表示第 t 年末的各地级市的实际固定资产投资；δ 为固定资产投资折旧率，参考已有文献（张军，2004）[181]，δ 设定为 9.6%；$K(t-1)$ 表示第 $t-1$ 年末各地级市的实际固定资产投资存量。其中，初始年份的实际固定资产投资根据公式 $K_0 = I_1/(g+\delta)$ 得到，式中，I_1 表示初始年份地级市实际固定资产投资，

g 为固定资产投资的年几何平均增长率，采用截止年份和初始年份求几何平均数方法得到；δ 仍为折旧率。考虑到数据的可得性，本书的初始年份设定为 2002 年，截止年份设定为 2017 年。根据上述方法，最后得出 2011—2017 年的实际固定资产投资存量。

（4）调节变量选取

本部分以经济发展水平为调节变量，检验农旅融合水平对农村产业结构优化升级的影响是否因经济发展水平不同而存在差异。

（5）控制变量选取

基于已有文献（李虹和邹庆，2018；余泳泽和潘妍，2019）[180][182]，选取农村互联网接入用户数代表农村互联网普及率（*WET*），农村实际人均生产总值（*PGDP*）代表经济发展水平，农村工业企业的数量（*INDI*）代表市场环境，选取农村实际外资产出除以实际 GDP 代表外资利用率水平（*FDI*）。

3.2.2 数据来源和实证模型构建

（1）数据来源

本章节采用 2010—2017 年中国各地级市的面板数据，剔除了数据获得性较差的与地级市同级的自治州、盟，同时也剔除了存在很多非农区域的深圳、南京、厦门、广州、珠海及直辖市，最终选取了 268 个地级市作为本章节研究的样本。其中农村产业结构合理化、农村产业结构高度化、互联网普及率、经济发展水平、市场环境、外资利用率水平、消费需求、资本积累变量数据均来自知网中国经济与社会发展统计数据库①与中经网产业数据库②，农旅融合水平变量的示范县数据来自各政府网站，县级行政单位个数来自知网中国经济与社会发展统计数据库。

（2）模型构建

为验证农旅融合对农村产业结构优化升级的促进作用，本章节构建如下面板模型。

---

① 中国经济与社会发展统计数据库：http：//data. cnki. net/。

② 中经网产业数据库：https：//newcyk. cei. cn/。

$$\ln TIS_{it} = \beta_0 + \beta_1 \ln AT_{it} + \beta_2 \ln WET_{it} + \beta_3 \ln PGDP_{it} + \beta_4 \ln INDI_{it} + \beta_5 \ln FDI_{it} + \alpha_i + \gamma_t + \varepsilon_{it} \tag{3-19}$$

式（3－19）中，i 代表地级市，t 代表时间，产业结构优化升级（*TIS*）包含产业结构合理化（*RIS*）和产业结构高度化（*OIS*）两个维度，考虑到数据大小差异，对所有变量均取对数处理。

3.3 农旅融合促进农村产业结构优化升级实证结果分析

3.3.1 农旅融合与农村产业结构优化升级的实证分析

（1）全国农旅融合与农村产业结构优化升级

表3－2呈现了基于实证模型的检验结果。检验结果中的第1列和第3列是没有加入控制变量的模型分析结果，第2列和第4列是加入控制变量后的模

表3－2　　　　农旅融合与农村产业结构优化升级

	RIS 模型（1）	*RIS* 模型（2）	*OIS* 模型（3）	*OIS* 模型（4）
ln*AT*	0.0014*** (3.1140)	0.0010** (2.0771)	0.0236*** (8.9485)	0.0073*** (3.0148)
ln*WET*		0.0067 (1.5785)		0.2014*** (11.5243)
ln*PGDP*		0.0184*** (3.6544)		0.0420 (1.3013)
ln*INDI*		－0.0165*** (－3.4776)		－0.2257*** (－8.5712)
ln*FDI*		－0.0023** (－1.9773)		－0.0311*** (－4.3567)
_cons	－0.3431*** (－17.7897)	－0.4558*** (－6.5436)	－0.2194*** (－11.6804)	－0.2669*** (－5.2346)
N	2144	2144	2144	2144
Adj－R^2	0.2012	0.2113	0.2015	0.2224

注：**、***分别表示在5%、1%的置信水平上显著，括号内是t值。

型分析结果。第1列，农旅融合的系数为0.0014且在1%水平上显著，表明农旅融合水平每提高1个百分点，农村产业结构合理化将提高0.0014%，在加入了控制变量之后，农旅融合对农村产业结构合理化的系数依然在5%水平上显著为正，说明农旅融合稳健地推动农村产业结构合理化提升。农旅融合能够带动餐饮、交通等其他产业发展，延长农村产业链，促进农村劳动力等要素在农村产业间的合理配置，促进农村产业合理化升级。第3列，农旅融合的系数为0.0236，且在1%水平上显著，表明农旅融合水平每提升1%，农村产业结构高度化将上升0.0236%，在加入控制变量之后，农旅融合对农村产业高度化的系数依然为正，且在1%水平上显著，说明农旅融合对农村产业结构高度化促进作用非常稳健。农旅融合在带动住宿、餐饮等关联产业发展的同时，也带来金融服务、信息产业等其他第三产业的发展，推进农村产业结构高度化。

从上述结果发现，无论是去除了控制变量，还是加入了控制变量，农旅融合对农村产业结构合理化和农村产业结构高度化的系数都显著为正，这说明农旅融合显著促进了农村产业结构合理化和农村产业结构高度化提升。初步验证了本章理论假说H1，即农旅融合总体上促进农村产业结构优化升级。

控制变量方面，农村互联网普及率（*WET*）系数显著为正，印证了互联网技术推进产业结构优化升级的研究成果，与既有文献有关互联网对产业发展的影响结论一致（Sampler，1998；Dedrick 和 Kraemer，2005；Wigand et al.，2005）[183]-[185]。农村人均GDP变量（*PGDP*）的系数显著为正，说明经济发展水平的提高促进了农村产业结构优化升级。农村工业企业的数量变量（*INDI*）的增加抑制了农村产业结构优化升级，表明农村粗放的经济发展模式并不能推进农村产业结构优化升级，结合农村现实分析，大多数农村工业企业锁定在低端的粗级产品加工上，而高污染、低附加值的加工制造业，并不能促进农村产业结构优化升级，导致工业企业数量变量的系数为负。农村外资利用率变量系数（*FDI*）显著为负，表明农村外资的利用并没有促进农村产业结构优化升级，这主要是外资把高污染、低附加值产业向农村转移的结果。上述控制变量系数方向与现实存在一致性，说明本章节实证结论具有稳健性。

（2）分区域农旅融合与农村产业结构优化升级

中国地大物博，不同区域发展情况千差万别，致使农旅融合与农村产业结构影响也存在区域差异，本章节将全部样本分为东部、中部和西部，以揭示农旅融合的地区差异对农村产业结构优化升级的影响。所得结果如表 3 – 3 所示。由表 3 – 3 结果可知：首先，农旅融合对农村产业结构合理化的影响在东部、中部和西部地区都显著为正，表明农旅融合能够促进全国各区域农村产业结构合理化升级，农旅融合能够转移农村劳动力，从而促进农村劳动力等要素在农村各产业间的合理配置。其次，从农旅融合对农村产业结构合理化的功效差异分析，其对中部地区作用最大，西部次之，东部最小。原因是，东部地区经济发达，劳动力等资源在农村各产业之间流通较为通畅，农旅融合推动劳动力在农村各产业间流通的作用较小；中部地区生态资源丰富且长期以来在农村滞留大量农村劳动力，通过发展农旅融合，农村劳动力等资源得以合理配置，使其功效较东部要大；西部地区由于经济欠发达，发展农旅融合的市场需求不充足，故相较于中部其功效更小。

表 3 – 3　不同区域农旅融合对农村产业结构优化升级的影响

	东部		中部		西部	
	RIS 模型（5）	*OIS* 模型（6）	*OIS* 模型（7）	*RIS* 模型（8）	*RIS* 模型（9）	*OIS* 模型（10）
ln*AT*	0.0009* (1.7623)	0.0053 (1.3345)	0.0016* (1.8331)	0.0104*** (2.9793)	0.0012* (1.8813)	−0.0016 (−1.034)
ln*WET*	−0.0012 (−0.5933)	0.1758*** (6.4351)	0.0243** (2.1397)	0.1879*** (6.4331)	0.0074 (1.4903)	0.2305*** (7.4354)
ln*PGDP*	0.0295*** (6.9316)	0.1109*** (2.7912)	−0.0235 (−1.1391)	−0.0558 (−0.9151)	0.0187*** (2.9641)	−0.3022*** (−5.7216)
ln*INDI*	−0.0145*** (−3..7737)	−0.4189*** (−14.3571)	−0.0364** (−2.0618)	0.2219*** (4.3945)	−0.0164*** (−3.0671)	0.0269 (1.0341)
ln*FDI*	−0.0023* (−1.7012)	−0.0258** (−2.0821)	−0.0036 (−1.3470)	−0.0262*** (−2.7817)	−0.0026* (−1.8406)	−0.0195** (−2.1413)
_cons	−0.5630*** (−9.9738)	0.6392 (1.4602)	0.0359 (0.1991)	−1.9313*** (−3.4116)	−0.4563*** (−7.7913)	1.4764*** (2.7445)
N	696	696	856	856	592	592
Adj – R^2	0.1323	0.1227	0.1311	0.1415	0.1301	0.1213

注：*、**、*** 分别表示在 10%、5%、1% 的置信水平上显著，括号内是 t 值。

农村产业结构高度化作因变量，在东部地区，农旅融合的系数为正但不显著，表明东部地区农旅融合对农村产业结构高度化的影响有限，由控制变量可知，东部地区经济发达，引导农村产业结构高度化升级的互联网普及率、经济发展水平等因素作用较大。中部地区农旅融合系数在1%水平上显著为正，说明中部地区农旅融合深入发展能够推进农村产业高度化提升。西部地区农旅融合的系数为负，但不显著，表明西部地区农旅融合并不能带来西部地区产业结构高度化水平提升，结合已有文献（吕明元和尤萌萌，2013）[70]分析，西部地区目前经济不够发达，产业结构合理化对经济增长的促进作用较之于产业结构高度化更大，农旅融合通过提升农村产业结构合理化，推动西部地区农村经济增长。

（3）内生性检验

农旅融合在推进农村产业结构优化升级的同时，农村产业结构优化升级也可能推进农旅融合深入发展，两者互为因果，需要进行内生性检验。本书尝试运用工具变量方法缓解其中的内生性问题，选取工业二氧化碳排放量（*CO*）作为农旅融合的工具变量。采用工业二氧化碳排放量作为工具变量是基于如下两点考虑：一是满足工具变量的相关性条件。政府支持农旅融合，并推进农旅融合深入发展，必然关注环境状况。政府力求减少有害物质对环境的污染，控制工业企业对二氧化碳的排放。二是符合工具变量“外生性”要求。工业企业二氧化碳的排放量对产业结构优化升级的影响较小。

使用工具变量法的前提是存在内生性变量，经异方差稳健的 Wu - Hausman F 检验发现，产业结构合理化模型的 DWH 检验的 p 值为0. 7554，故可认为农村产业结构合理化模型的农旅融合变量是外生的。但产业结构合理化模型的 DWH 检验的 p 值为0. 0000，故可认为农村产业结构高度化模型的农旅融合变量是内生解释变量，使用两阶段最小二乘法回归结果如表3 -4 所示。表3 -4 结果显示 F 统计量为15. 5679，且在1%水平上显著，表明所选工具变量不存在弱工具变量特征，第二阶段农旅融合对农村产业高度化的系数显著为正，表明了农旅融合对农村产业高度化起促进作用。

（4）稳健性检验

本书作了两个稳健性检验，第一，更换控制变量人均 GDP 为 GDP。第二，剔除部分样本，将全国各省会城市样本剔除。两种检验结果的数据如

表 3-4　　农旅融合与农村产业结构高度化内生性检验

	第一阶段 模型（11）	*OIS* 模型（12）
ln*AT*		0.2755 *** (3.4414)
ln*CO*（工具变量）	-0.3627 *** (-3.8908)	
ln*WET*	0.9563 *** (8.0511)	-0.0869 (-1.0611)
ln*PGDP*	1.0938 *** (6.3123)	-0.4436 *** (-5.3413)
ln*INDI*	0.0467 (1.1682)	-0.0804 *** (-3.1116)
ln*FDI*	-0.0691 (-1.1931)	0.0209 (1.1313)
_cons	-18.2204 *** (-10.1364)	6.8579 *** (8.1232)
F	15.5679 ***	
N	2144	2144
Adj - R^2		0.2214

注：*** 表示在 1% 的置信水平上显著，括号内是 t 值。

表 3-5 所示。表 3-5 结果与实证模型结论基本一致，表明本书所得结果稳健，再次验证了本章理论假说 H1。

表 3-5　　农旅融合与农村产业结构高度化稳健性检验

	R*IS* 模型（13）	*OIS* 模型（14）	R*IS* 模型（15）	*OIS* 模型（16）
ln*AT*	0.0012 *** (2.6341)	00065 ** (2.4711)	0.0010 * (1.8337)	0.0076 *** (2.8656)
ln*WET*	0.0074 (1.4914)	0.2158 *** (12.3217)	0.0634 (1.4531)	0.2103 *** (12.3343)
ln*PGDP*	0.0188 *** (2.9691)	0.0012 (0.6789)		

续表

	RIS 模型（13）	OIS 模型（14）	RIS 模型（15）	OIS 模型（16）
ln*INDI*	−0.0168 *** (−3.1713)	−0.2284 *** (−9.4538)	−0.0195 *** (−3.7329)	−0.2214 *** (−8.9531)
ln*FDI*	−0.0024 * (−1.8762)	−0.0239 *** (−3.8033)	−0.0024 * (−1.7730)	−0.0315 *** (−4.6612)
ln*GDP*			0.0197 *** (3.7756)	0.0085 (0.7012)
_*cons*	−0.4567 *** (−7.8837)	0.1613 (0.5567)	−0.5573 *** (−6.7747)	−0.0342 (−0.1803)
N	2144	2144	2144	2144
Adj − R^2	0.2077	0.1914	0.1783	0.1889

注：*、**、*** 分别表示在10%、5%、1%的置信水平上显著，括号内是t值。

3.3.2 农旅融合促进农村产业结构优化升级的影响机制检验

（1）经济发展水平的调节效应检验

经济发展水平提高能够促进农旅融合深入发展，进而影响农村产业结构优化升级。为考察经济发展水平的异质性对农村产业结构优化升级的影响，在式（3－18）的基础上，添加反映农旅融合与经济发展水平的交互项 $LnAT_{it} \times LnPGDP_{it}$ 作为解释变量，扩展为实证模型（见式3－20）。

$$\ln TIS_{it} = \beta_0 + \beta_1 \ln AT_{it} + \beta_2 \ln WET_{it} + \beta_3 \ln PGDP_{it} + \beta_4 \ln INDI_{it} + \beta_5 \ln \mathrm{FDI}_{it} + \beta_6 \ln AT_{it} \times \ln PGDP_{it} + \alpha_i + \gamma_t + \varepsilon_{it} \quad (3-20)$$

模型分析结果如表3－6所示。由表3－6的结果可知，产业结构合理化作为因变量，经济发展水平与农旅融合的交互项未通过显著性检验，表明农旅融合水平对农村产业结构合理的促进作用并未因经济发展水平的不同而存在差异；产业结构高度化作为因变量，经济发展水平与农旅融合的交互项显著为正，表明农旅融合水平对农村产业结构高度化的促进作用因经济发展水平的不同而存在差异。论证了本章假说H2。结合分区域农旅融合与农村产业结构优化升级的结果进行分析，尽管东部、中部、西部各区域经济发展水平存在差异，但各区域农旅融合都显著促进农村产业结构合理化升级，在一定程度上说明了农村产业结构合理化升级并不因经济发展水平不同而存在异质性。但对于农村产业结构的高度化发展而言，各区域农旅融合与农村产业结构高度化的影响不同。东部地区尽管经济发达，但互联网等信息行业对农村产业高度化的影响较为突出，导致农旅融合对农村产业结构高度化的影响不显著，东部地区相较于西部地区经济更发达，所以农旅融合对农村产业结构高度化的影响东部显著为正，西部不显著。

表 3-6　　农旅融合与农村产业结构优化升级调节效应检验

	RIS 模型（17）	*OIS* 模型（18）
ln*AT*	0.0009 * (1.7345)	0.0078 *** (2.8929)
ln*WET*	0.0067 (1.5411)	0.2043 *** (11.7315)
ln*PGDP*	0.0188 *** (3.5213)	0.0455 (1.4413)
ln*INDI*	-0.0162 *** (-3.2965)	-0.2380 *** (-8.5563)
ln*FDI*	-0.0024 * (-1.876)	-0.0302 *** (-4.8134)
ln*AT* × ln*PGDP*	-0.0004 (-1.1822)	0.0084 *** (4.5552)
_*cons*	-0.4619 *** (-7.8165)	-0.2117 (0.7166)
N	2144	2144
Adj - R^2	0.2118	0.2213

注：*、*** 分别表示在 10%、1% 的置信水平上显著，括号内是 t 值。

（2）中介效应检验

①消费需求对农旅融合与农村产业结构优化升级的中介作用。已有文献表明消费需求的增加能够促进产业结构优化升级（蔡海亚和徐盈之，2017）[186]，而发展农旅融合能够带动消费需求，因此，本书认为，农旅融合能够促进消费，进而推进农村产业结构优化升级。为了检验该影响机制，本

书参考已有关于中介效应检验程序（温忠麟等，2004）[187]，建立检验模型（见式3－21）。

$$\ln TIS_{it} = \beta_0 + \beta_1 \ln AT_{it} + \beta_2 \ln WET_{it} + \beta_3 \ln PGDP_{it} + \beta_4 \ln INDI_{it} + \beta_5 \ln FDI_{it} + \alpha_i + \gamma_t + \varepsilon_{it} \quad (3-21)$$

$$\ln COM_{it} = \alpha_0 + \alpha_1 \ln AT_{it} + \alpha_2 \ln WET_{it} + \alpha_3 \ln PGDP_{it} + \alpha_4 \ln INDI_{it} + \alpha_5 \ln FDI_{it} + \alpha_i + \gamma_t + \varepsilon_{it} \quad (3-22)$$

$$\ln TIS_{it} = \eta_0 + \eta_1 \ln AT_{it} + \eta_2 \ln WET_{it} + \eta_3 \ln PGDP_{it} + \eta_4 \ln INDI_{it} + \eta_5 \ln FDI_{it} + \eta_6 \ln COM_{it} + \alpha_i + \gamma_t + \varepsilon_{it} \quad (3-23)$$

根据（温忠麟等，2004）[187]的检验程序：第一步，考察式（3－20）农旅融合对农村产业结构优化升级的影响，检验系数 β_1 是否显著；第二步，如果系数 β_1 显著，再检验式（3－21）系数 α_1 和式（3－22）系数 η_6 是否显著；第三步，如果两个都显著，且 η_1 显著，表明存在部分中介效应，如果两个都显著，但 η_1 不显著，表明存在完全中介效应；第四步，如果系数 α_1 和系数 η_6 至少有一个不显著，则要进行 Sobel 检验，判断中介效应是否存在。中介效应模型的回归结果如表3－7所示。

表3－7　　消费需求的中介效应检验

	COM 模型（19）	*RIS* 模型（20）	*OIS* 模型（21）
ln*AT*	0.0157*** （4.7623）	0.0009* （1.7123）	0.0046* （1.7385）
ln*WET*	0.3190*** （15.8014）	0.0068 （1.5519）	0.1498*** （8.5123）
ln*PGDP*	0.2181*** （6.4234）	0.0184*** （3.1176）	－0.0016 （－0.7613）
ln*INDI*	0.1862*** （6.1811）	－0.0189*** （－3.6138）	0.2567*** （10.9936）
ln*FDI*	－0.0071 （－0.9311）	－0.0025** （－1.9351）	－0.0299*** （－4.8203）
ln*COM*		0.0087* （1.9213）	0.1675*** （7.8213）

续表

	COM 模型（19）	*RIS* 模型（20）	*OIS* 模型（21）
_cons	9.5224 *** (20.1129)	-0.5643 *** (-6.6713)	-1.87140 *** (-5.9040)
N	2144	2144	2144
Adj - R^2	0.2758	0.2113	0.2011

注：*、**、*** 分别表示在 10%、5%、1% 的置信水平上显著，括号内是 t 值。

由表 3-7 的结果发现，农村消费需求作因变量时，农旅融合的系数显著为正，说明农旅融合促进了农村消费需求的增加，这与已有文献研究结论一致，即发展农旅融合能够带动消费需求。在控制了中介变量消费需求的影响后，产业结构合理化和产业结构高度化作因变量时，消费需求和农旅融合的系数依然为正，表明消费需求部分促进了农旅融合对农村产业结构优化升级。消费需求扩张是促进经济发展良性循环的基本前提，消费升级引致产业结构变化。农旅融合从供给侧发力引导城市居民消费升级。由于城乡消费需求不同，城市居民的消费需求结构也影响农村居民的消费需求结构，农村居民消费需求结构发生变化会扩大农村二三产业的市场规模，为农村产业结构优化升级起到推波助澜的作用。农旅融合拓宽了农业的多功能性，延长了农村产业链，有助于刺激其他需求产品部门的发展，从而达到优化农村产业结构的目的。

②资本积累对农旅融合与农村产业结构优化升级的中介作用。发展农旅融合能够增加资本积累，资本积累的增加能够增加要素丰裕度，进而促进农村产业结构优化升级。为了检验该影响机制是否成立，构建中介效应模型进行中介效应检验。检验程序与式（3-21）至式（3-23）相同，采用固定资本存量（*FA*）衡量资本积累。模型结果如表 3-8 所示。

表 3-8　　资本积累的中介效应检验

	FA 模型（22）	*RIS* 模型（23）	*OIS* 模型（24）
ln*AT*	0.0235 *** (8.0571)	0.0010 * (1.8123)	0.0098 (1.8385)

续表

	FA 模型（22）	*RIS* 模型（23）	*OIS* 模型（24）
ln*WET*	0.5544 *** (21.6514)	0.0067 (1.4519)	0.07791 ** (3.712)
ln*PGDP*	0.5137 *** (14.7234)	0.0174 *** (2.9511)	-0.1058 *** (-3.7613)
ln*INDI*	0.0223 (0.8781)	-0.0189 ** (-3.6218)	-0.1204 *** (-9.1516)
ln*FDI*	0.0055 (0.81701)	-0.0023 * (-1.8731)	-0.0323 *** (-5.2948)
ln*FA*		0.0122 (1.4221)	0.2346 *** (9.7582)
_cons	9.5300 *** (31.2812)	-0.6279 *** (-4.6517)	-2.3046 *** (-6.4204)
N	2144	2144	1876
Adj - R^2	0.2881	0.2231	0.2313

注：*、**、*** 分别表示在10%、5%、1%的置信水平上显著，括号内是t值。

由表3-8的结果表明，固定资本存量作因变量时，农旅融合的系数显著为正，说明农旅融合的深入发展增加了农村资本存量；产业结构合理化作因变量时，农旅融合的系数显著为正，说明固定资本存量部分提升了农旅融合对农村产业结构合理化。同理，第4列，产业结构合理化作因变量时，农旅融合的系数显著为正，说明固定资本存量部分提升了农旅融合对农村产业结构高度化。究其原因，主要有两个：第一，发展农旅融合能够增加农民收入，增加农民资本积累，进而使农民可以购买更先进的生产设备，提高劳动生产效率。随着农业劳动生产效率的提高，转移到农村第二、三产业的农民数量会随之增多，加速了农村劳动力要素流动，农村产业要素配置更加合理。第二，发展农旅融合增加了农旅融合部门收入，使其有更多资本用于提升农旅融合部门服务质量，扩大农旅融合规模，容纳更多的农业劳动力，增加更多的农村产业附加值。农村生产要素流动的加速以及农村产业附加值增加，都会促进农村产业结构优化升级。

3.4 本章小结

产业兴旺是实施乡村振兴战略的重点，农旅融合是乡村振兴（特别是产业兴旺）的重要体现。本章在构建数理模型分析农旅融合对农村产业结构优化升级的基础上，验证了农旅融合对农村产业结构优化升级的功效，进而检验不同经济发展水平作用于农旅融合对农村产业结构优化升级的差异性，以及农旅融合促进农村产业结构优化升级的内在传导机制。本书得出如下结论：

第一，总体上，农旅融合水平对农村产业结构优化升级具有促进作用。分区域分析，东部、中部和西部地区，农旅融合水平对促进农村产业结构合理化作用都显著为正，其中，中部促进作用最大，西部次之，东部最小；在对农村产业结构高度化影响方面，只有中部地区影响效果显著，东部地区农旅融合促进农村产业结构高度化的模型系数为正，但不显著，西部地区农旅融合促进农村产业结构高度化的模型系数为负，且不显著。

第二，农旅融合水平对农村产业结构合理化的促进作用不存在因为经济发展水平的不同而发生变化；农旅融合水平对农村产业结构高度化的促进作用随经济发展水平的不同，作用大小发生改变。

第三，农旅融合在促进农村产业结构优化升级过程中，消费需求和资本积累具有部分中介效应，即发展农旅融合增加了消费需求，进而推进农村产业结构优化升级；发展农旅融合增加资本积累，进而促进农村产业结构优化升级。

第4章 ◎

农旅融合提升农业生态效率机理与实证分析

第3章分析与实证检验了农旅融合通过增加农村消费需求和资本积累两条传导路径促进农村产业结构优化升级。本章探究农旅融合促进乡村振兴的第二条作用路径——农旅融合促进农业生态效率提升的内在机理与实证分析。

农旅融合是指农业与旅游业相互渗透、交叉，最终融为一体，逐步形成新型业态的发展过程。作为产业融合的新型业态，农旅融合有别于传统的农业生态区建设。传统的农业生态区建设更多强调农业的生态建设，未能充分体现农业的经济因素和产业间的融合互动与渗透关系。而事实上，生态与经济是生态农业发展的两大重要因素（李瑾和李树德，2003）[164]。作为产业融合的新型业态，农旅融合既是经济的融合，又是生态的融合：首先，经济融合是农旅融合的保障。以互联网为基础的经济因素是农旅融合新型业态依托于互联网平台，实现与外界信息交流的根本保障。其次，生态融合是农旅融合的基础。除经济因素驱动外，农村环境资源的生态属性是驱动农旅融合的基础，农业相关资源的生态特性通过市场机制的作用融合到旅游产业中去，进而实现或者提升农旅融合的生态价值。

4.1 农旅融合促进农业生态效率提升机理分析

农旅融合需要政府政策上的引导和财政上的支持。政府支持是影响农旅融合的重要因素（王莹和许晓晓，2015）[188]。政府支持下的农旅融合着眼于顶层设计，重视农旅融合的发展规划，可减少农旅融合的盲目性，塑造可持续的发展理念，有利于农村产业发展的“提质增效”。

4.1.1 政府支持下农旅融合对农业投入要素的影响机理

能源环境效率的经济内涵（李江龙和徐斌，2018）[141]是指在资本和投入既定情况下实现期望产出最大化及能源投入和非期望产出最小化。鉴于此，农业生态效率的经济内涵（含非期望产出）是指在期望产出既定情况下实现农业生产投入要素和非期望产出的最小化。期望产出以农业生产总值度量，农业生产投入以劳动力、土地、灌溉、机械动力、农药和化肥①等指标衡量，非期望产出主要来源于农业生产过程中投入的化肥、农药、农业灌溉和农业机械动力所产生的碳排放。综合能源环境效率和农业生态效率的经济内涵，笔者认为农业生态效率是指在农业生产总值既定情况下，劳动力、土地、灌溉、机械动力、农药和化肥等农业投入要素最小化和农业生产投入的化肥、农药、农业灌溉和农业机械动力所产生的碳排放最小化。在农业期望产出既定情况下，如果投入要素和非期望产出减少，说明农业生态效率提升了，投入要素和非期望产出减少越多，说明农业生态效率提升幅度越大。

农旅融合水平较低时，农村居民更多关注在既定期望产出情况下，实现农业生产投入要素最小化，即提升农业生产效率，很少考虑农业生产带来的环境污染以及有意识地减少农药化肥等有害环境投入要素。只有农旅融合水平较高，农业生态资源能创造更多生态价值时，农村居民才会主动减少农业生产的有害物质投入，促使农旅融合可持续发展。因此，政府支持下农旅融合对农业投入要素的影响机理可以从提升农业生产效率和减少有害环境投入要素两方面进行分析。

（1）政府支持下农旅融合提升农业生产效率的机理

政府为推进农旅融合的深入发展，通常采取以下三条路径促进农业生产效率提升（见图4－1）。

第一，提高农业劳动力素质，转移农业劳动力。学者们从理论上认为，发展乡村旅游能够转移大量农村剩余劳动力（胡文海和柳百萍，2009；贺爱琳等，2014）[189][190]，但实践中由于素质较高的农业劳动力选择到城市就业，在农旅融合初级阶段，转移的农业劳动力有限（柳百萍和胡文海，2014）[192]。政府往往通过政策上支持和财政上扶持农业劳动力返乡，城市精英下乡，组织培训专业人员，提高相关服务人员素质，促进涉农人才队伍素质的提高，从而带动原有农业劳动力素质提升。随着农旅融合地深入、农业劳动力素质的提高以及转移到旅游业部门农业劳动力数量的增加，农业劳动力生产效率与农民收入得到了有效的提高。伴随着农民收入的增加和资本积

① 本书所指的农药和化肥是石油农业模式的农药和化肥，不包含绿色农药及有机肥料。

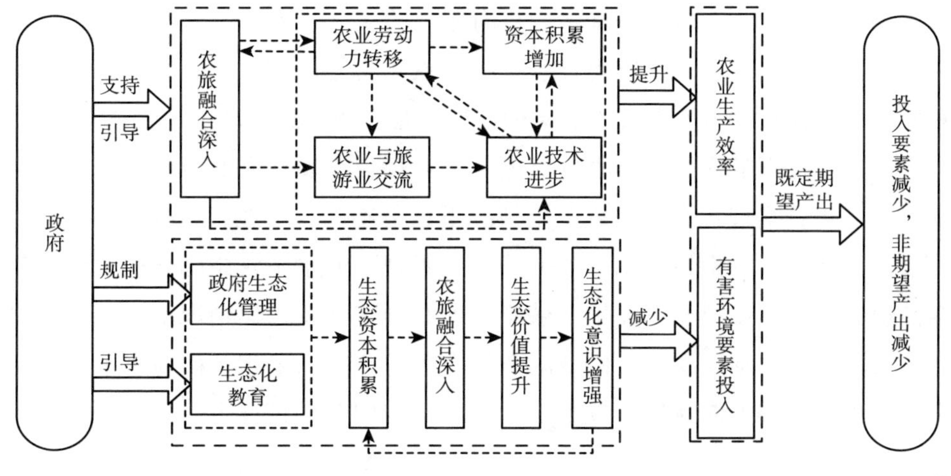

图4-1　农业生产投入要素机理

累的增多，农民有更多的资金用于购买更先进的农业生产设备和引进更先进的生产技术，进而推动农业技术进步和农业生产效率提高。农业生产效率的提升促使更多农业劳动力向乡村旅游业转移，继而推动农旅融合更加深入发展，进而促进农业生产效率再次提升。较之于低水平农旅融合，高水平农旅融合通过这一路径提升的农业生产效率的幅度更大。

第二，加强旅游业部门和农业部门的信息传播与交流。在农旅融合的初级阶段，旅游业部门的先进知识与经验外溢到农业部门相对较少，农业技术进步不显著。然而，政府可以利用自身优势，利用品牌创建和媒体宣传推介，为农业与旅游业牵线搭桥，促进农业与旅游业部门相互融合。随着农旅融合的不断深入，旅游业部门的先进知识经验不断渗入农业部门，如“节本增效、优质安全、绿色生态”的理念有利于推进农业科技创新，从而促进农业技术进步和农业生产效率的提高。农旅融合越深入，旅游业部门先进知识经验溢出到农业部门就越多，农业生产效率提升幅度就越大。

第三，推广农业技术，推动农业技术进步。农业科技进步是发展现代农业的关键（常向阳和韩园园，2014）[192]，政府是推广农业科技的主体。政府利用自身资源优势，在推广有利于发展乡村旅游的农业科技和装备的同时，保护农村耕地资源、挖掘农村耕地利用价值、盘活农村耕地，推动农业技术进步。政府通过农旅融合推广农业科技（孟广文和Hans，2011）[175]，实现农业现代化（王铁和邰鹏飞，2016）[176]，有利于提高农业生产效率。在农旅融合的初级阶段，农业劳动力资本积累有限，购买先进农业技术装备的经费不足，阻滞了农业技术的推广与进步。随着农旅融合的深入，农业劳动力资本积累增多，购买先进农业技术装备的经费充足，极大地推动了农业技术进步。

政府支持下的农旅融合通过上述三条路径最终实现农业劳动力转移和农业技术进步，实现在既定期望产出情况下，劳动力、土地、灌溉、机械动力等农业生产投入要素最小化。综上分析还发现，低水平农旅融合通过上述三条路径，只能适度提升农业生产效率，即在既定期望产出情况下，只能适量减少劳动力、土地、灌溉、机械动力等农业生产投入要素，而高水平农旅融合能够大幅度提升农业生产效率，即在既定期望产出情况下，能大量减少劳动力、土地、灌溉、机械动力等农业生产投入要素。无论低水平农旅融合还是高水平农旅融合，农业生产效率都得到提升，但未必都能实现农药和化肥等有害环境投入要素最小化。减少农业生产过程中的有害物质投入，需要农旅融合继续深入，需要发展可持续的农旅融合才能得以实现。

（2）政府支持下农旅融合减少有害环境要素投入的机理

传统农业生产中农民不会关心生态环境（胡平波，2018）[193]，普通的农旅融合在融合初期也很少关注农业的可持续发展，农业劳动力以提高农业生产效率为主，很少考虑对环境的影响，很少主动减少化肥、农药等有害环境要素投入，因此低水平农旅融合有害环境要素投入减少不显著。

发展可持续的农旅融合依赖政府的生态化管理（Hunter，1997）[194]和生态化教育。在农旅融合过程中，政府可以出台相应的农村生态管理标准并强制企业和个人执行，推进农村生态化建设，实施农村生态化管理。一方面，对旅游业部门，政府可以进行环境整治，择优选择符合生态标准的旅游企业入驻；在鼓励发展休闲农业的同时，严格控制经营许可证的颁发，只有符合食品安全和环境标准的休闲农业才予以颁证；对生态管理良好的企业，开通土地使用权和信贷绿色通道。另一方面，对农业生产部门，政府可以通过制定生态管理规章制度、对农业劳动力进行生态化教育、建立农业生态品牌等举措，推进传统农业转型升级。

通过上述生态化管理和生态化教育，为农旅融合积累了生态资本，但农旅融合的深入除需要较好的生态环境外，还需要便利的基础服务设施。政府在进行生态化管理的同时，还需要加强乡村道路、信息网络等基础设施建设，为发展乡村旅游提供便利。此外，政府还可以通过生态品牌创建和媒体宣传等方式，挖掘乡村特有农耕文化，保护传统村落、农业文化遗产，创建全国休闲农业和乡村旅游示范县，打造乡村旅游精品路线。随着农旅融合的深入发展，农业产品的生态特性不断融入农旅融合的新型业态中，农业的生态资源被逐渐挖掘，农业生态价值被重新定价。农旅融合发展让农业劳动力认识到农业生产的生态要素能创造更高的生态价值，强化了农业劳动力的生态化意识，从而有利于减少有害环境的农业生产要素的投入。

农业劳动力为追求更高农业生态价值，需要进一步加强农业生态化建设，积累农业生态资本推进农旅融合更深入发展，同时还需要进一步减少有害环境的农业生产要素投入。因此，通过政府规制推进农业生态化建设，可培养农业劳动力的绿色发展理念（李静等，2014；李玉恒和刘彦随，2013；姚亦锋，2015）[195]-[197]，强化农业劳动力农业生态化意识，减少有害环境农业生产要素投入。

综上分析可知，低水平的农旅融合，农业生产效率适度提升，有害环境农业生产要素投入减少不显著；高水平的农旅融合，农业生产效率大幅度提升，有害环境农业生产要素投入减少显著。

4.1.2 期望产出与非期望产出优化下农业生态效率提升规律

根据政府支持下农旅融合提升农业生产效率和减少有害环境要素投入的机理可知，农旅融合深入发展能够提升农业生产效率，并减少有害环境要素投入。假设在农业生产过程中无害环境要素投入用 a 表示，有害环境要素投入用 b 表示，则非期望产出函数关系可表示为 $y = f(a,b)$。在期望产出既定情况下，无论有害环境要素或无害环境要素减少都能够提升农业生态效率。如图 4-2 所示，图中箭头表示单元变化方向，假定未发展农旅融合时，农业生产点是 A，非期望产出为 $y_1 = f(a_1,b_1)$ 。在低水平农旅融合时，农业生产效率提高，农业生产转移到 B 点，在既定期望产出情况下，有害环境要素投入不变，但无害环境要素投入减少为 a_2，因此总的投入要素减少为 $a_2 + b_1$，非期望产出为 $y_2 = f(a_2,b_1)$，总投入要素减少，但非期望产出没有增加，因此农业生态效率得到提升。

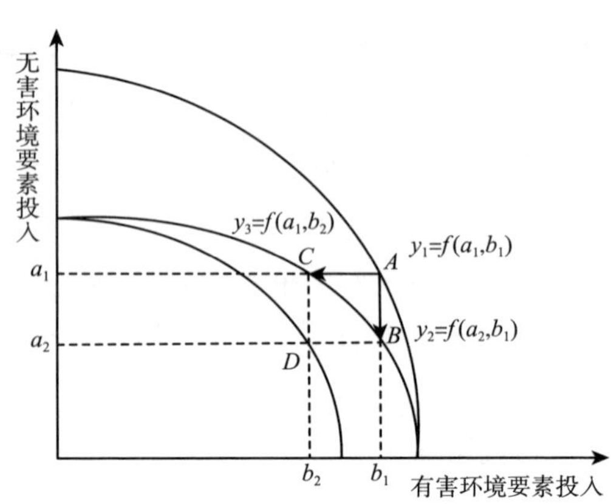

图 4-2　农业生态效率的作用机理

随着农旅融合的深入，有害环境要素投入减少，农业生产转移到 C 点，在既定期望产出情况下，无害环境要素投入不变，但有害环境要素投入减少为 b_2，因此总的投入要素减少为 a_1+b_2，非期望产出为 $y_3=f(a_1,b_2)$，总的投入要素减少，非期望产出减少，因此农业生态效率得到提升。在高水平农旅融合时，有害环境要素投入和无害环境要素投入都减少，两种力量共同作用，使农业生态效率由初始的 A 点移动到 D 点，实现农业生态效率由较低水平向高级水平跨越。

综上分析发现，低水平农旅融合只能适度提升农业生态效率，而高水平农旅融合能够较大幅度提升农业生态效率。因此，提出本章假说：政府支持下的农旅融合能够促进农业生态效率提升，且提升功效随农旅融合不断深入而不断增强。

4.2　农业生态效率测算

4.2.1　测算农业生态效率主要方法

农业生态效率测算方法根据其在构造生产前沿面方式的不同，分为参数方法和非参数方法，其中随机前沿法（SFA）是前者的主流方法，而后者以数据包络分析法（DEA）为代表。随机前沿法需预设生产函数，如柯布道格—拉斯生产函数、CES 生产函数和超越对数生产函数等，相较于随机前沿法，数据包络分析法无须提前设定函数形式且无需事先确定指标权重等方面优势突出。鉴于此，本章节选择数据包络分析法测算农业生态效率。

（1）传统 DEA 模型

假设农业生产中共有 n 个不同的决策单元（DMU），每一个决策单元由一个投入向量和一个期望产出组成。用两组向量 $x \in R^m$ 和 $y^\varepsilon \in R^a$ 分别表示投入和期望产出，其中 m 表示 m 类投入要素，a 表示 a 类期望产出。定义矩阵 $X = [x_1, \cdots, x_n] \in R^{m \times n}$，$Y^\varepsilon = [y_1^\varepsilon, \cdots, y_n^\varepsilon] \in R^{a \times n}$。

①CCR－DEA 模型。Charnes 等（1978）[198]提出的 CCR 模型是将投入产出点映射在空间上，以最大产出或最小投入为前沿面，测算其他 DMU 与前沿面的距离差距程度，并假定所有投入和产出在不降低效率的前提下，可等比例收缩。当某个决策单元的技术效率和规模效率同时有效时，即两者效率都为 1 时，该决策单元称为模型“DEA 有效”。CCR 模型如式（4－1）所示。

$$\begin{cases} D_{CCR}: \min\theta \\ \text{s. t. } \sum_{j=1}^{n} \lambda_j x_{ij} + D_i^- = \theta x_{ik} \\ \sum_{j=1}^{n} \lambda_j y_{rj}^\varepsilon + D_r^\varepsilon = y_{rk} \\ \lambda_j \geq 0, D_i^- \geq 0, D_r^\varepsilon \geq 0 \end{cases} \tag{4-1}$$

式（4－1）中，θ（$\theta \leq 1$）表示 DMU_0 的生产效率；λ_j 表示 DMU_j 的组合比例；D^- 和 D^ε 均为松弛变量，分别代表过多的投入与不足的期望产出。

②BCC－DEA 模型。CCR 模型只适用于规模报酬不变情形，Banker 和 Charnes（1984）[199]等提出的 BCC 模型适用于规模报酬可变情形。BCC 模型如式（4－2）所示。

$$\begin{cases} D_{BCC}: \min\theta \\ \text{s. t. } \sum_{j=1}^{n} \lambda_j x_{ij} + D_i^- = \theta x_o \\ \sum_{j=1}^{n} \lambda_j y_{rj}^\varepsilon + D_r^\varepsilon = y_o \\ \sum_{j=1}^{n} \lambda_j = 1 \\ \lambda_j \geq 0, D_i^- \geq 0, D_r^\varepsilon \geq 0 \end{cases} \tag{4-2}$$

（2）SBM 模型

①SBM－DEA 模型。CCR 和 BCC 模型是按照相同比例对决策单元投入要素进行调整，是采用径向方式对数据进行处理。对于无效的 DMU 而言，其与生产前沿面的差距，除等比例调整之外，还包含可松弛调整的部分，但松弛调整部分未在 CCR 模型和 BCC 模型体现。针对这一不足，Tone（2001）[200] 提出了非径向的 SBM－DEA 模型，有效解决了松弛变量问题。SBM 模型如式（4－3）所示。

$$
\begin{cases}
\rho^{*} = \min \dfrac{1 - \dfrac{1}{m}\sum\limits_{i=1}^{m} \dfrac{D_i^{-}}{x_{ik}}}{1 + \dfrac{1}{a}\sum\limits_{r=1}^{a} \dfrac{D_r^{\varepsilon}}{y_{rk}^{\varepsilon}}} \\
\text{s. t. } \sum\limits_{j=1}^{m} x_{ij}\lambda_j = x_{ik} - D_i^{-} \\
\sum\limits_{j=1}^{a} y_{rj}^{\varepsilon}\lambda_j = D_r^{\varepsilon} + y_{rk}^{\varepsilon} \\
\lambda_j \geqslant 0, D^{-} \geqslant 0, D^{\varepsilon} \geqslant 0
\end{cases}
\tag{4-3}
$$

式（4－3）中，ρ^{*} 表示 DMU 的效率值，效率值同时从投入和产出两个角度测算无效率状况。

②包含非期望产出的 DEA－SBM 模型。在实际生产过程中，除了得到我们所需要的产出外，还可能生产出我们不期望的产出，如农业生产过程的化肥、农药等投入要素会生产出破坏生态环境的非期望产出。但普通的 SBM 模型并未考虑农业生产带来的环境污染，针对这一不足，Tone（2002）[201] 提出了包含非期望产出的非径向、非角度的 SBM 模型，有效解决了普通 SBM 模型未考虑非期望产出的效率测算问题。包含非期望产出的 SBM 模型如式（4－4）所示。

$$
\begin{cases}
\rho^{*} = \min \dfrac{1 - \dfrac{1}{m}\sum\limits_{i=1}^{m} \dfrac{D_i^{-}}{x_{ik}}}{1 + \dfrac{1}{a+b}\left(\sum\limits_{r=1}^{a} \dfrac{D_r^{\varepsilon}}{y_{rk}^{\varepsilon}} + \sum\limits_{h=1}^{b} \dfrac{D_h^{f}}{y_{hk}^{f}} \right)} \\
\text{s. t. } \sum\limits_{j=1, j\neq k}^{m} x_{ij}\lambda_j \leqslant x_{ik} - D_i^{-} \\
\sum\limits_{j=1, j\neq k}^{a} y_{rj}^{\varepsilon}\lambda_j \geqslant D_r^{\varepsilon} + y_{rk}^{\varepsilon}
\end{cases}
$$

$$\begin{cases} \sum_{j=1,j\neq k}^{b} y_{hj}^{f}\lambda_j \leqslant y_{hk}^{f} - D_h^{f} \\ \lambda_j > 0, j = 1, \cdots n, j \neq 0 \\ D^{-} > 0, D^{\varepsilon} > 0, D^{f} > 0 \end{cases} \tag{4-4}$$

式（4-4）中，$y^f \in R^b$ 表示非期望产出，b 表示 b 类非期望产出，D^f 为松弛变量，代表过多的非期望产出。

③包含非期望产出的超效率 DEA-SBM 模型。含有非期望产出的 DEA-SBM 模型，有效解决了非径向非角度问题，包含有非期望产出的效率测算问题，但是对效率为 1 的 DMU 和效率超过 1 的 DMU 都设定为 1，导致对于效率超过 1 和效率刚好为 1 的 DMU 无法区分。Tone 和 Sahoo（2003）[202]提出的包含非期望产出的超效率 SBM 模型有效率解决上述问题。包含非期望产出的超效率 DEA-SBM 模型如式（4-5）所示。

$$\begin{cases} \rho^{*} = \min \dfrac{1 + \dfrac{1}{m}\sum_{i=1}^{m}\dfrac{D_i^{-}}{x_{ik}}}{1 - \dfrac{1}{\mathrm{a}+\mathrm{b}}\left(\sum_{r=1}^{a}\dfrac{D_r^{e}}{y_{rk}^{e}} + \sum_{h=1}^{b}\dfrac{D_h^{\mathrm{f}}}{y_{hk}^{f}}\right)} \\ \text{s. t.} \sum_{j=1,j\neq k}^{n} x_{ij}\lambda_j \leqslant x_{ik} + D_i^{-}, \\ \sum_{j=1,j\neq k}^{n} y_{rj}^{e}\lambda_j \geqslant y_{rk}^{e} - D_r^{e} \\ \sum_{j=1,j\neq k}^{\mathrm{b}} \mathrm{y}_{hj}^{\mathrm{f}}\lambda_j \leqslant y_{hk}^{f} + D_h^{f} \\ 1 - \dfrac{1}{\mathrm{a}+\mathrm{b}}\left(\sum_{r=1}^{a}\dfrac{D_r^{e}}{y_{rk}^{e}} + \sum_{h=1}^{b}\dfrac{D_h^{\mathrm{f}}}{y_{hk}^{f}}\right) > 0 \\ \mathrm{D}^{-} \geqslant 0, \mathrm{D}^{\mathrm{e}} \geqslant 0, D^{\mathrm{f}} \geqslant 0 \end{cases} \tag{4-5}$$

式（4-5）中，ρ^* 表示决策单元的生态效率，因为模型为超效率模型，故生态效率不再固定在 0 到 1 之间。其中，假定 $\lambda \geqslant 0$ 且 $\sum \lambda = 1$，则为可变规模报酬（VRS）的非期望产出超效率 SBM 模型；假定 $\lambda \geqslant 0$，则为不变规模报酬（CRS）的非期望产出超效率 SBM 模型。

4.2.2　农业生态效率测算方法选择

综合考虑上述模型的特点，本章节采用包含非期望产出的超效率 SBM 模型测度农业生态效率，主要考虑以下两方面原因：一方面，农业生产过程中的化肥、农药等投入要素会破坏生态环境，因此测度农业产出时不但要关注农业的产值，还要关注农业生产对生态环境的影响；另一方面，普通的 SBM 模型对于效率超过 1 的 DMU 和效率刚好为 1 的 DMU 都取值为 1，导致对于效率超过 1 和效率刚好为 1 的 DMU 无法区分，而包含非期望产出的超效率 SBM 模型将松弛变量直接纳入目标函数，有效解决上述问题。

其中，假定 $\lambda \geqslant 0$ 且 $\sum \lambda = 1$，则为可变规模报酬（VRS）的超效率 SBM 非期望产出模型；假定 $\lambda \geqslant 0$，则为不变规模报酬（CRS）的超效率 SBM 非期望产出模型。

4.2.3　农业生态效率指标选取和数据来源

（1）指标选取

因为影响农业生态效率最重要的部分是种植业，即狭义农业，所以本章节以种植业作为研究对象，分析农业生态效率。借鉴已有文献（叶初升和惠利，2016；王宝义和张卫国，2018）[203][92]①，同时考虑到数据的可得性，本书选取表 4－1 中所列的投入和产出指标。

其中，投入指标包括：第一，农业劳动力投入，根据农林牧渔从业人员估算，计算公式为：农业劳动力投入＝农林牧渔业从业人员×（农业总产值/农林牧渔业总产值）；第二，土地投入，采用农业总播种面积衡量（较之于耕地面积，农业总播种面积能更精确度量土地实际利用率）；第三，

① 叶初升和惠利（2016）[203]将农膜纳入投入指标测算省级层面的农业生态效率，王宝义和张卫国（2018）[92]将役畜投入纳入投入指标测度省级层面的农业生态效率，因地区级数据获取有难度，本书未将其纳入。

表 4-1　　农业生态效率投入产出指标

一级指标	二级指标	变量
投入	劳动投入	农业从业人员（万人）
	土地投入	农业总播种面积（千公顷）
	化肥投入	折纯化肥施用量（万吨）
	农药投入	农药使用量（万吨）
	机械投入	机械总动力（万千瓦/小时）
	灌溉投入	有效灌溉面积（千公顷）
产出	期望产出	农业总产值（亿元）
	非期望产出	碳排放（万吨）

灌溉投入，采用有效灌溉面积衡量；第四，机械动力投入，用机械总动力衡量①；第五，农药和化肥投入，其中，农药投入采用农药使用量来衡量，化肥采用折纯化肥使用量来衡量。产出指标包括期望产出和非期望产出两类。期望产出由农业总产值作为变量得到，所有数据都已剔除通货膨胀因素，调整为 2010 年的不变价格产值。非期望产出主要考虑农业生产带来的碳排放，农业碳排放主要来源于化肥、农药、农业灌溉和农业机械化。参考已有文献（West 和 Marland，2002），四类碳排放系数分别为：化肥 0.90（千克/千克）、农药 4.93（千克/千克）、农业灌溉 20.48（千克/公顷）、农业机械总动力 0.18（千克/千瓦）。

得到碳排放总量如式（4-6）所示。

$$E = \sum T_i \times \delta_i \tag{4-6}$$

式（4-6）中，E 指碳排放总量，T 指碳排放的来源，δ 指碳排放的系数，i 指 i 类碳排放来源。

（2）数据来源

本章节使用的数据来源于各省市 2010—2016 年的各统计年鉴、EPS 数据库、各省市统计公报及各省市政府网站等，样本覆盖了除去各直辖市、中国台湾、中国香港、中国澳门、西藏、福建、青海的全国各地级市，包括与地级市同级的盟、自治州。由于部分地级市变量数据缺失，本章节最终选取 303 个地级市。

① 机械总动力是根据统计资料获取，参考已有文献（王保义和张卫国，2018）[99]，没有剥离林牧渔的机械动力。

4.2.4 农业生态效率测算结果

为了对不同模型的结果进行对比，本书以 MAXDEA 为平台，测度了 2010—2016 年全国 303 个地级市包含期望产出和非期望产出可变规模报酬、仅包含期望产出可变规模报酬、包含期望产出和非期望产出不变规模报酬、仅包含期望产出不变规模报酬的农业生态效率。计算各年度农业生态效率的平均值如图 4－3 所示，具体结果见附表。由图 4－3 可知，总体上不考虑非期望产出的可变规模报酬农业生态效率最高，而考虑非期望产出的不变规模报酬农业生态效率最低，原因是农业生产破坏了生态环境，导致农业生态效率下降，不同条件的农业生态效率的演变趋势大体相同。2010—2013 年农业生态效率均处在下降阶段，2013—2016 年不考虑非期望产出的不变规模报酬农业生态效率下降趋势趋缓，考虑非期望产出的不变规模报酬和不考虑非期望产出的不变规模报酬农业生态效率演变趋势一致，即基本持平。

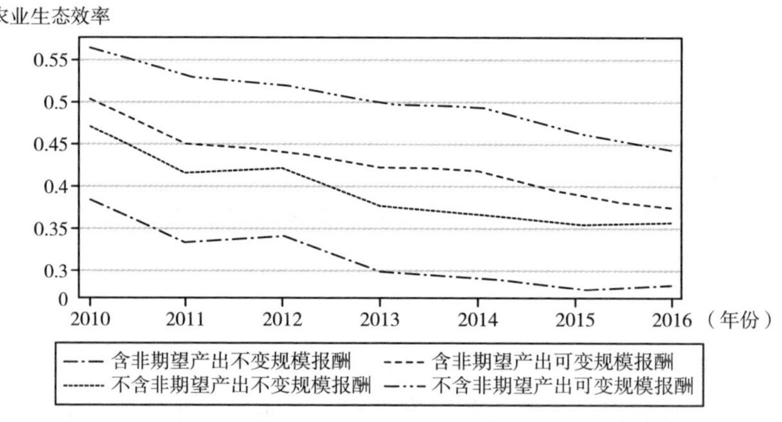

图 4－3 2010—2016 年平均农业生态效率

基于小农经济仍是中国农村经济的主要生产方式，农业生产表现为不变规模报酬特征，并且农业在生产过程中极易产生环境的负效应。基于农业发展现实综合衡量，本章节选取考虑非期望产出不变规模报酬的农业生态效率进行分析，并参考已有文献，将期望产出和非期望产出赋予相同的权重 1。

（1）农业生态效率空间分析

从空间上看，不同地级市农业生态效率差异较大。生态效率优秀（生态效率大于或等于1）的地级以上城市或地级市有南京、无锡、苏州、揭阳、三亚、抚州、荆门、甘孜藏族羌族自治州、昆明、玉溪、西双版纳、大理、嘉峪关、克拉玛依、大连、本溪、白山、伊春、大兴安岭。平均农业生态效率较高的省份有江苏、广东、海南、云南，这些省份呈现出农业生态效率不仅与经济发展水平有关，还与当地自然生态环境有关的特征，但总体而言东部地区农业生态效率较高。

（2）农业生态效率时间分析

2010—2013年各地级市农业生态效率整体呈下降趋势，2013—2016年部分地级以上城市农业生态效率下降趋势缓慢，但整体呈现上升态势并与总体态势持平。从我国政策因素视角来考察农业生态效率在这两阶段的变化，2010—2013年，我国政府没有充分重视农业生产对农业生态环境的影响，所以这一阶段农业生态效率出现下降趋势。在2013年后我国高度关注生态环境建设，在2013年出台了《全国生态保护与建设规划》之后，农业生态效率下降的趋势放缓，且开始出现反弹，这充分说明这阶段的生态保护和建设规划成效显著。综观2010—2016年发现，农业生态效率总体变化不大。

（3）不同融合水平农业生态效率分析

为考查不同融合水平的农业生态效率情况，将包含全国休闲农业与乡村旅游示范县的地级市归为高水平融合组，未包含示范县的地级市归为低水平融合组，并计算历年各组平均农业生态效率，图4-4绘制了2010—2016年

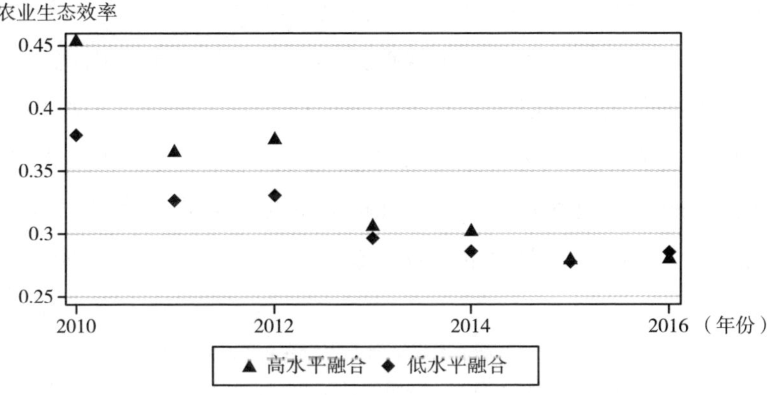

图4-4 2010—2016年不同融合水平平均农业生态效率

不同融合水平平均农业生态效率。图 4 - 4 结果表明，2013—2016 年平均农业生态效率处于较低水平，2010—2013 年呈现下降趋势，2013—2016 年下降趋势变缓，甚至出现反弹，融合水平高的地级市农业生态效率总体上优于融合水平低的地级市，但融合是否促进生态效率提升还需要经过实证检验。

4.3 农旅融合提升农业生态效率实证研究

4.3.1 农旅融合提升农业生态效率的模型设定

(1) 变量选取

①核心变量设定。农旅融合水平体现的是农业与旅游业在经济、生态等方面相互协调、相互融合的程度，全国休闲农业与乡村旅游示范县（以下简称“示范县”）的评选标准强调农业与旅游业在经济、生态等方面的相互协调、相互融合，这较好地符合了高度农旅融合的标准。加之示范县在农旅融合的过程中，当地政府都从公共服务、用地政策、金融政策和媒体宣传推介上给予了大力支持，且从规章制度上监督规范食品安全和环境保护，示范县是典型的政府支持农旅融合的结果，能较好地代表政府支持下的农旅融合水平①。

农业部和国家旅游局示范县评选活动从 2010 开始，分布于全国各地级市。本章节通过将各地级市 2010—2016 年示范县个数相加得到各地级市示范县总个数，其中示范县较多的地级市有：桂林、承德、银川、南京、宣城、洛阳和湖州等。考虑到不同地级市规模大小存在差异，本书以地级市入选全国示范县的个数占该市所辖全部县级行政单位个数的比例作为核心变量，量化政府支持下的农旅融合水平，得到东部排名靠前的地级市是浙江湖州②，中部位居前列的是安徽宣城，西部排在前列的是宁夏银川和广西桂林。笔者发现，农旅融合越深入，农业生态效率越高，这一现象在东部最为明显，中

① 针对示范县构造变量研究有关政府支持下的农旅融合的文献较少。

② 湖州安吉是“两山”理论的发源地，湖州的农旅融合是中国发展较为深入的地方，说明采用示范县度量农旅融合水平较为科学。此外，尽管重庆示范县较多，农旅融合较为深入，但不属于本书样本，在此不列出。

部次之，西部不明显。以上仅从描述分析的视角，说明了示范县评选有利于促进农业生态效率提升，同时农旅融合促进农业生态效率提升存在地区差异，进一步的因果关系还需通过实证模型检验。

②控制变量的选取。参考已有文献，影响农业生态效率的因素主要有：财政支农力度（洪开荣等，2016）[95]、工业化水平（王宝义和张卫国，2018）[99]及农业经济发展水平（彭念一和吕忠伟，2003）[204]。借鉴已有研究，财政支农力度变量采用地方财政农林水事务支出与地方财政一般预算支出之比，用 WF_{it} 表示；工业化水平采用工业增加值与地区生产总值之比，用 ID_{it} 表示；农业发展水平采用人均农业增加值，用 PIC_{it} 表示。

（2）模型设定

因为政府支持下的农旅融合对农业生态效率的促进作用表现为非线性特征，而面板平滑转移模型能较好地捕捉融合水平对农业生态效率的非线性特征，因此本章节用面板平滑转移模型进行拟合。

面板平滑转移（PSTR）模型较之于面板门槛回归（PTR）模型，能较好地克服变量在阈值处发生的机制瞬时转换突变，是对 PTR 的进一步拓展，同时适用于面板数据的截面异质性和模型参数随转换变量作平滑连续的非线性转换的场合，具体模型设定如式（4－7）所示。

$$\begin{aligned}\ln TF_{it} = {} & \alpha_0 + \beta_{01}\ln AL_{it} + \beta_{02}\ln PIC_{it} + \beta_{03}\ln ID_{it} + \beta_{04}\ln WF_{it} + (\beta_{11}\ln AL_{it} \\ & + \beta_{12}\ln PIC_{it} + \beta_{13}\ln ID_{it} + \beta_{14}\ln WF)g(q_{it};r,c) + \varepsilon_{it}\end{aligned} \tag{4-7}$$

$g(q_{it};r,c)$ 代表转换函数，转换函数形式如式（4－8）所示。

$$g(q_{it};r,c) = \left\{1 + \exp\left[-r\prod_{j=1}^{m}(q_{it} - c_j)\right]\right\}^{-1}, r > 0, c_1 \leqslant c_2 \leqslant \cdots \leqslant c_n \tag{4-8}$$

其中，q_{it} 是转换变量；c 是位置参数，表明转换函数 $g(q_{it};r,c) = 0$ 和 $g(q_{it};r,c) = 1$ 进行转换的门槛条件；r 是平滑参数，决定转换函数 $g(q_{it};r,c)$ 从 0 到 1 的转换速度，r 越大，转换速度越快，r 越小，转换速度越慢，c 与 r 一同作为模型识别条件；m 是转换函数 $g(q_{it};r,c)$ 包含的位置参数的个数，一般取值为 1 或 2。当 $m=1$ 时，转换函数 $g(q_{it};r,c)$ 包含一个位置参数，模型形式如式（4－9）所示。

$$g(q_{it};r,c) = \{1 + \exp[-r(q_{it} - c)]\}^{-1} \tag{4-9}$$

当 $m=2$ 时，$g(q_{it};r,c)\in[0,1]$ 包含两个位置参数，模型形式如式（4－10）所示。

$$g(q_{it};r,c)=\{1+\exp[-r(q_{it}-c_1)(q_{it}-c_2)]\}^{-1} \tag{4-10}$$

当 $q_{it}=c$ 或者 $r\to 0$，$g(q_{it};r,c)=0.5$ 时，PSTR 模型退化为线性固定效应模型；若 $r\to+\infty$时，PSTR 模型退化为 PTR 模型。

被解释变量 TF_{it}表示农业生态效率，转换变量设定为融合水平 AL_{it}、农村居民人均纯收入 IC_{it}。

需要注意的是，当转换变量是农村人均居民收入 IC_{it}时，融合水平对农业生态效率的促进效用如式（4－11）所示。

$$b_{1AL_{it}}=\frac{\partial \ln TF_{it}}{\partial \ln AL_{it}}=\beta_{01}+\beta_{11}\times g(q_{it};r,c) \tag{4-11}$$

若 $b_{1AL_{it}}$符号为正，表示随着农村居民生活水平的提高，融合水平对农业生态效率起促进作用。

若 $b_{1AL_{it}}$符号为负，表示随着农村居民生活水平的提高，融合水平对农业生态效率起阻碍作用。

当转换变量是融合水平 AL_{it}时，融合水平对农业生态效率的促进效用可表示如式（4－12）所示。

$$b_{2AL_{it}}=\frac{\partial \ln TF_{it}}{\partial \ln AL_{it}}=\beta_{01}+\beta_{11}\times g(q_{it};r,c)+\beta_{11}\ln AL_{it}\times\frac{\partial g(q_{it};r,c)}{\partial \ln AL_{it}} \tag{4-12}$$

若 $b_{2AL_{it}}$符号为正，表示随着融合水平的提升，农业生态效率不断提升，其作用机制可以理解为融合水平促进农业生态效率提升。

若 $b_{2AL_{it}}$符号为负，表示随着融合水平的提升，农业生态效率不断下降，其作用机制可以理解为融合水平抑制农业生态效率提升。

遵循该领域研究惯例（González et al.，2005）[205]，在进行模型分析之前需要进行三阶段检验。第一阶段是非线性检验，判断模型是否存在非线性效应。在 $r=0$ 处对 $g(q_{it};r,c)$ 进行泰勒展开，构造辅助回归，进行 LM_F（F 统计量）、LM（拉格朗日乘数检验）检验，若拒绝原假设（H_0：$r=0$），表明存在非线性关系。接着进行第二阶段检验，检验参数的个数，首先进行 $r=1$ 的原假设检验，若拒绝原假设则再进行 $r=2$ 的假设检验，直到不能拒绝原假

设 $r=r^*$ 为止，最后得到的 r^* 就是转换函数的个数。第三阶段就是在 $m=1$，$r=r^*$ 和 $m=2$，$r=r^*$ 两个模型中选择最优模型进行估计。

4.3.2 农旅融合提升农业生态效率的模型检验

(1) 模型设定形式检验

①模型的非线性检验。以融合水平为转换变量，分全国、东部、中部和西部，构建模型（1）至模型（4），检验不同区域的农旅融合水平对提升农业生态效率功效是否存在差异。以农村居民人均纯收入为转换变量构建模型（5），检验不同转换变量对农业生态效率是否存在促进作用方面的差异。结果如表4－2所示。

表4－2 **PSTR模型的非线性检验**

模型	位置参数个数	$H_0: r=0$; $H_1: r=1$		$H_0: r=1$; $H_1: r=2$	
		LM	LM_F	LM	LM_F
(1)	$m=1$	20.722***	4.474***	7.770	1.662
	$m=2$	33.714***	3.654***	10.951	1.491
(2)	$m=1$	15.595**	3.274**	4.529	0.970
	$m=2$	14.771**	3.160**	5.811	0.618
(3)	$m=1$	19.552***	3.447***	3.455	0.452
	$m=2$	26.675***	2.784***	3.882	0.368
(4)	$m=1$	19.746***	4.534***	1.757	0.343
	$m=2$	14.745**	3.354**	1.246	0.147
(5)	$m=1$	267.906***	65.564***	6.312	1.776
	$m=2$	32.366***	3.506***	6.881	0.733

注：**、***分别表示在5%、1%的置信水平下拒绝原假设。

由表4－2可得，当位置参数个数 $m=1$ 和 $m=2$ 时，所有模型均拒绝 $r=0$ 的原假设，表明所构建的非线性关系模型是合理的。进而再确定转换函数个数，根据面板平滑转移模型原理，可得到模型转换函数个数都是1。

②模型的位置参数个数检验。确定了转换函数个数之后，需要确定位置参数个数。选择位置参数个数的原理为：在每个模型中，AIC和BIC最小值所对应的位置参数个数即为选定的位置参数个数。根据这一原理，由表4－3

可以确定模型的位置参数个数为1。

表4－3　　　　PSTR模型位置参数个数设定检验

		模型（1）	模型（2）	模型（3）	模型（4）	模型（5）
$r=1, m=1$	AIC	－1.798	－1.981	－1.875	－1.806	－1.936
	BIC	－1.771	－1.955	－1.844	－1.728	－1.910
$r=1, m=2$	AIC	－1.796	－1.977	－1.850	－1.800	－1.879
	BIC	－1.767	－1.947	－1.834	－1.714	－1.850

4.3.3　农旅融合提升农业生态效率的实证结果分析

（1）回归结果分析

①融合水平为转换变量。从全国层面分析，融合水平对农业生态效率影响的线性部分系数为正，并且非线性部分的系数始终显著且大于0，表明融合水平对农业生态效率的影响不仅大于0，而且呈随融合水平不断提升而逐渐增加的态势，说明农旅融合深入不仅有利于农业生态效率的提升，而且对农业生态效率的促进效用呈现扩大态势。

结合2010—2016年中国农业生态效率发展趋势分析：2010—2013年中国农业生态效率整体略呈下降趋势，这一阶段中国各地级市农旅融合普遍不够深入；2010年农业部与国家旅游局开展了示范县创建活动，当时农业旅游呈现出以“农家乐”为主的模式，能够入选示范县的地方不多，但政府对农旅融合支持力度不够，农旅融合水平普遍不高，对农业生态效率的提升作用有限；随着中国政府对农旅融合重视程度的提高，各级地方政府支持农旅融合力度不断加大，评选为示范县的地方逐渐增加，农旅融合水平不断提升，农旅融合对农业生态效率提升作用不断增强，2013—2016年中国农业生态效率整体止降企稳，甚至出现反弹，2013年跨越门槛值0.12（$e^{-2.14}$）的地级市有42个，2016年上升到98个，增加了56个。这从实证的视角印证了政府支持下的农旅融合对农业生态效率提升机理，本章假说得以证明。

分区域分析，在东部地区，当融合水平跨越门槛值0.14（$e^{-2.00}$）时（见表4－4），农旅融合深入发展对农业生态效率提升呈现不断增强态势，并且农旅融合对农业生态效率影响的非线性部分和线性部分系数都高于全国平均水平，农旅融合对农业生态效率提升功效高于全国平均水平。这是因为东部地区经济发达，居民收入水平相对较高，旅游需求动机较强，市场需求驱动了农旅融合发展。随着融合水平的不断提升，农村居民生态意识增强，会更加主动加强农业生态化建设，走农业可持续发展的道路；同时因为东部地区资金充裕，农村居民一旦意识到农旅融合可持续发展的商机，相较于其他地区，能够更加方便快捷地筹集到引进先进农业技术和加强农业生态化建设所需资金，所以农旅融合对提升东部地区农业生态效率作用更大，东部地区农旅融合促进农业生态效率提升功效优于全国平均水平。

表4-4　　PSTR模型结果

	系数	模型（1）	模型（2）	模型（3）	模型（4）	模型（5）
斜率参数	r	1.3878	2.5243	3.4640	5.2480	2.5243
位置参数	c	-2.1354	-1.9961	-2.1089	-1.8571	0.1947
线性部分参数估计	β_{01}	0.0744*** (3.1850)	0.0781** (2.5336)	0.0687** (2.5723)	-0.0001 (-1.0540)	0.0122** (2.2130)
	β_{02}	0.1219*** (4.2099)	0.05791* (1.9274)	0.3429*** (6.8720)	0.0123* (1.7826)	0.3170*** (10.2274)
	β_{03}	-0.0592 (-1.5506)	-0.0210** (-2.4682)	-0.1261* (-1.7302)	-0.0746*** (-4.3537)	-0.1210** (-2.4682)
	β_{04}	-0.3168*** (-6.5158)	-0.2052*** (-2.8685)	-0.3440*** (-2.9862)	-0.3001*** (-2.6810)	-0.1552*** (-2.8685)
非线性部分参数估计	β_{11}	0.4002*** (3.5677)	0.5009*** (2.9769)	0.16349* (1.7126)	0.3051* (1.7047)	-0.0147 (-1.5769)
	β_{12}	0.1716** (2.3641)	0.0707* (1.7582)	0.2859*** (2.9675)	0.4015*** (4.3362)	0.1802*** (7.5582)
	β_{13}	0.2953*** (3.0330)	0.2202*** (7.4563)	0.1352*** (6.6594)	-0.1168 (-0.9487)	0.0535 (1.4563)
	β_{14}	-0.2061*** (-2.8165)	-0.2795*** (-3.8396)	-0.2504* (-1.7181)	-0.1424*** (-4.0212)	-0.1366 (-1.4396)

注：*、**、***分别表示在10%、5%、1%的置信水平上显著，括号内是t值。

在中部地区，农旅融合对提升农业生态效率的线性部分和非线性部分都低于全国平均水平，表现为农旅融合能够提升农业生态效率，但功效低于全国平均水平。究其原因，中部地区农业生态资源丰富，农业基础较好，优质的农业生态资源驱动了农旅融合的发展，对农村居民而言，农旅融合收益大部分仍然直接来源于农业生产，市场对农旅融合的需求更多以农业产品为主，对农业的生态资源需求有限，致使通过农旅融合进一步提升农业生态效率的空间相对有限。值得注意的是，控制变量农业发展水平对农业生态效率提升的促进作用非常显著，这进一步说明中部地区旅游者对农旅融合需求更多来源于农业产品，因此农村居民农旅融合收益主要来源于农业，农业发展水平对农业生态效率提升的功效较大。

相较于东中部地区，西部地区农旅融合门槛值更高，表现为西部地区跨越门槛值难度大于全国平均水平，农旅融合对农业生态效率提升的线性部分不显著，仅当跨越门槛值0.16（$e^{-1.86}$）后，农旅融合才对农业生态效率提升起促进作用。这是因为西部地区农村居民生态意识较淡薄，农旅融合的发展更多是政府驱动的结果。在融合初期，并没有坚守政府有关可持续农旅融合理念，有意识地减少农业生产过程中的有害要素投入，加之西部地区经济基础相对薄弱，推广先进农业技术难度较大，所以西部地区农旅融合对农业生态效率提升作用不显著。而当跨越门槛值0.16，农业的生态资本能创造更多生态价值时，农村居民才关注农业的可持续发展，有意识地减少农业生产过程中的有害环境要素投入，加之农业技术进步，农业生产效率提升，农旅融合对农业生态效率的促进作用较大。

从农旅融合对不同区域农业生态效率提升作用强弱来看，东部地区功效最大，西部地区在跨越门槛值前不显著，但在跨越门槛值后功效很大，且非线性部分强于中部地区。从跨越门槛值的地级市占比来看，东部为35.96%，中部为34.61%，西部为20.00%，整体上东中部分布比较均衡，西部稍弱。

此外，斜率参数 r 是转换速度快慢的参数，r 越大表明转换速度越快，因为模型（1）至模型（4）斜率系数 r 值都适中，所以政府支持下的农旅融合对农业生态效率的非线性促进作用是以一个比较适中的速度伴随融合水平提升而缓慢释放（转换函数关系见图4－5至图4－8）。

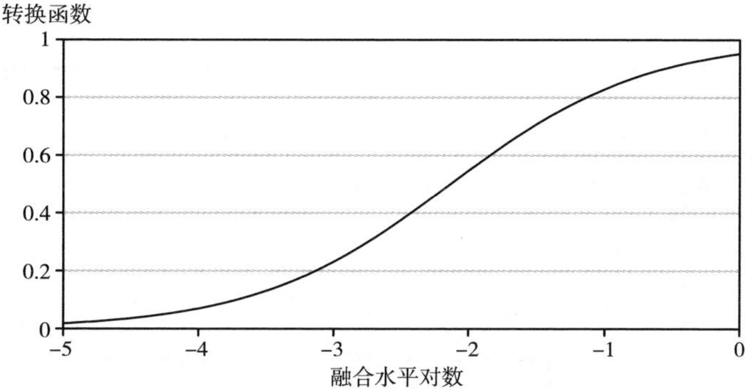

图4-5　全国总体为样本转换函数

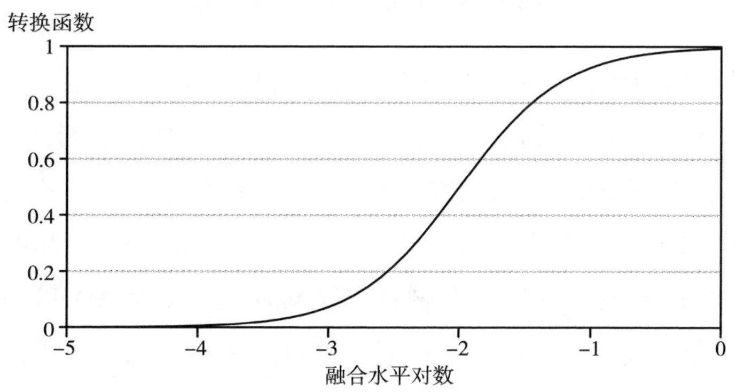

图4-6　东部地区转换函数

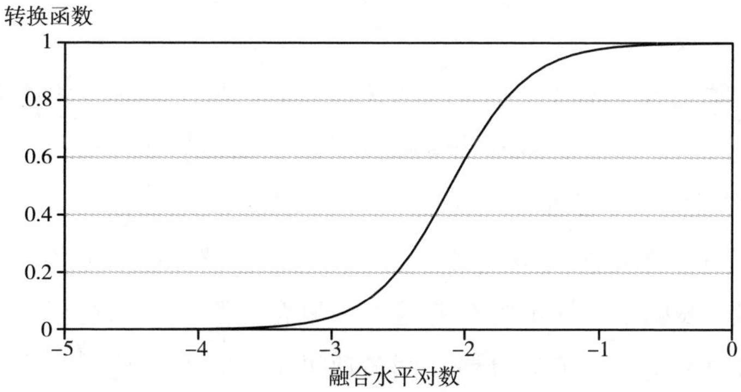

图4-7　中部地区转换函数图

②农村人均纯收入为门槛变量。农旅融合水平对农业生态效率的线性部分为正，系数为0.01，说明农村人均纯收入每增长1%，农业生态效率将提升0.01%，但非线性部分的系数小于0，且不显著，因此跨越农村人均纯收

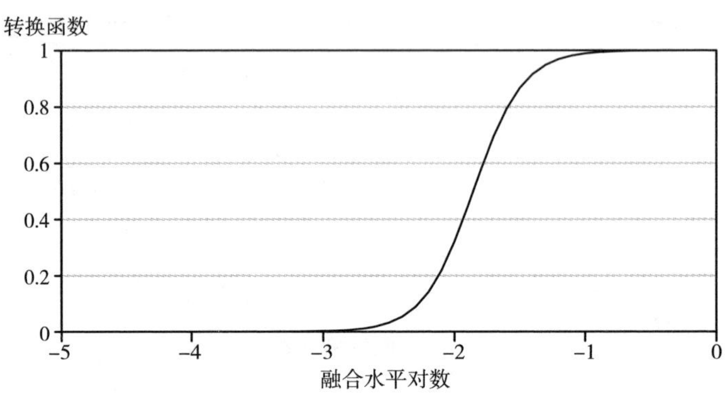

图 4 –8　西部地区转换函数图

入为门槛的农旅融合对农业生态效率提升空间有限。

笔者发现，不论是以融合水平为门槛变量，还是以农村人均纯收入为门槛变量，控制变量的方向都比较固定，与已有的文献（洪开荣等，2016；王宝义和张卫国，2018）① 结论基本一致，这再次说明实证结论的科学性。

综观两个门槛变量分析农旅融合水平对农业生态效率的影响，得出结论：政府支持下的农旅融合深入发展能够促进农业生态效率的提升，跨越农旅融合门槛变量对农业生态效率的提升效果非常显著，通过跨越农旅融合这一门槛变量，充分发挥农旅融合对农业生态效率提升的作用具有非常大的空间。

③农旅融合水平非参数核密度估计。为进一步了解农业生态效率与融合水平的促进关系，本书以 2016 年的样本为例，对融合水平进行非参数核密度估计，结果如图 4 –9 所示。

从图 4 –9 可知，农旅融合水平的峰值位于门槛值 0. 1182 的左侧，并且还出现拖尾，表明多数样本没有跨越农旅融合水平这一门槛值，并且农旅融合水平分布很不均匀，可见目前我国各地级市，政府支持下的农旅融合促进农业生态效率提升的作用有限，今后政府通过加大农旅融合的力度来提升农业生态效率的空间非常大。

---

① 洪开荣等（2016）[95] 实证了人均农业增加值与农业生态效率正相关，但财政支农力度和农业生态效率负相关；王宝义和张卫国（2018）[99] 实证了工业化水平与农业生态效率负相关。

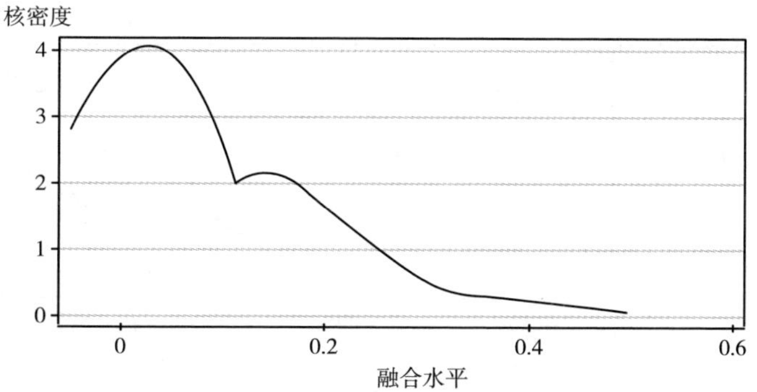

图4-9 农旅融合水平核密度估计

（2）内生性检验

农旅融合促进农业生态效率提升，反之农业生态效率提升也可能推进农旅融合，本书用滞后两期的农旅融合水平建立模型，论证农旅融合对农业生态效率提升功效，因为从时间顺序而言，只有前期的农旅融合才能提升未来的农业生态效率。表4-5内生性检验结果表明，农旅融合对农业生态效率提升结果与前文基本一致，这说明农旅融合推进了农业生态效率提升。

表4-5 滞后两期PSTR模型结果

	系数	模型（1）	模型（5）
斜率参数	r	2.0286	2.2437
位置参数	c	-2.0195	0.4898
线性变量系数参数估计	β_{01}	0.0251*** (2.8578)	0.0112** (2.1501)
	β_{02}	0.1577*** (3.3108)	0.3056*** (7.2099)
	β_{03}	-0.0741 (-1.2177)	-0.1109** (-2.1506)
	β_{04}	-0.3450*** (-5.0608)	-0.1456*** (-2.8158)
非线性部分参数估计	β_{11}	0.3002*** (3.8830)	-0.0126 (-1.5769)
	β_{12}	0.0711* (1.7767)	0.1789*** (5.3641)

续表

	系数	模型（1）	模型（5）
非线性部分参数估计	β_{13}	0.3474*** (3.4601)	0.0535 (1.0330)
	β_{14}	−0.2277*** (−5.0527)	−0.1322* (−1.8165)

注：*、**、*** 分别表示在10%、5%、1%的置信水平上显著，括号内是t值。

（3）稳健性检验

为检验农旅融合水平与农业生态效率的非线性稳健性，采用将模型（1）和模型（5）中控制变量人均农业增加值替换为人均农林牧渔业增加值，增加控制变量人均收入两种方式进行稳健性检验，所得结果如表4－6所示。表4－6结果与表4－4基本一致，说明本书构建的PSTR模型是稳健的。

表4－6　　稳健性检验结果

		替换变量稳健性检验		增加变量稳健性检验	
	系数	模型（1）	模型（5）	模型（1）	模型（5）
斜率参数 位置参数	r c	2.0140 −2.0273	1.9646 0.5146	1.1540 −1.8961	26.7267 0.0962
线性变量系数参数估计	β_{01}	0.0407*** (3.1639)	0.0139** (2.4078)	0.0554** (2.0376)	0.0069** (2.0042)
	β_{02}	0.1777*** (4.4928)	0.3012*** (5.6742)	0.1258*** (4.9899)	0.2368*** (7.4229)
	β_{03}	−0.0424 (−0.8455)	−0.1035* (−1.9190)	−0.2194*** (−4.6875)	−0.1814*** (−3.9848)
	β_{04}	−0.3329*** (−6.7911)	−0.0560 (−1.0302)	−0.1617*** (−4.2469)	−0.1713*** (−4.2089)
				0.6925*** (13.7688)	0.4901*** (8.4088)
非线性部分参数估计	β_{11}	0.3179*** (3.6103)	−0.0364* (−1.7677)	0.4120*** (2.6040)	−0.0040 (−0.5631)
	β_{12}	0.0558 (0.7767)	−0.3627** (−2.2504)	0.2364*** (2.9186)	−0.1316** (−2.3257)

续表

	系数	替换变量稳健性检验		增加变量稳健性检验	
		模型（1）	模型（5）	模型（1）	模型（5）
非线性部分参数估计	β_{13}	0.2619*** (2.6269)	-0.0967 (-0.3495)	0.3327*** (2.6524)	0.3576*** (3.0077)
	β_{14}	-0.2153*** (-3.5095)	-0.5007*** (-3.4165)	-0.3038*** (-3.5525)	0.0015 (0.7613)
				-0.3812*** (-3.1308)	0.7171*** (4.3842)

注：*、**、*** 分别表示在10%、5%、1%的置信水平上显著，括号内是t值。

4.3.4 影响机制

为进一步分析农旅融合作用于农业生态效率各投入要素的非线性影响机制，本书对影响农业生态效率的各投入要素进行分解，建立各投入要素与农旅融合水平的面板平滑转移模型，进行非线性和参数个数设定检验之后，所得模型结果如表4-7所示，其中模型（6）至模型（11）的因变量分别为农业从业人员、农作物播种面积、有效灌溉面积、机械总动力、化肥施用量（折纯）和农药使用量。

表4-7　对农业生态效率非线性影响机制

	模型（6）	模型（7）	模型（8）	模型（9）	模型（10）	模型（11）
斜率参数 位置参数	0.9308 -3.0614	0.4002 -0.5378	1.3637 -3.5492	0.0816 -308.9914	0.1131 180.5023	0.1581 159.028
线性变量系数参数估计	-0.0759*** (-4.0714)	-0.0501*** (-3.9534)	-0.0628*** (-3.4533)	3.6361*** (2.9572)	0.0000*** (6.1985)	0.0001*** (5.7578)
非线性部分参数估计	-0.6611*** (-6.9351)	-1.5933** (-7.8544)	-0.3963*** (-5.5386)	-3.6361*** (-2.9573)	-6.3365*** (-5.3182)	-5.7351*** (-6.518)

注：**、*** 分别表示在5%、1%的置信水平上显著，括号内是t值。

融合水平对农业生态效率各投入要素均存在非线性关系，其中，农业从业人员、农作物播种面积、有效灌溉面积要素投入均伴随农旅融合的不断深入而相应减少，与机理分析所得结论一致。机械总动力要素投入并未呈现出机理分析所述随农旅融合不断深入而不断减少的特征。这是因为在融合水平较低时，机械总动力要素投入代替农业劳动力投入，使农业劳动力要素投入大量减少，但由于农业技术水平没有得到很大提高，导致机械总动力要素投入呈现增加态势。随着融合水平的提升，农业技术水平不断提高，机械总动力要素投入非线性部分在跨越门槛值后呈现减少态势。化肥施用量和农药使用量要素投入在融合初期并未减少，但在跨越门槛值后才迅速下降，与机理分析和现实相符合。

探析融合水平对农业生产各投入要素的影响机制后发现：在期望产出既定前提下，融合初期，由于投入要素和非期望产出减少均有限，因此，农旅融合对农业生态效率的提升空间有限；而伴随高水平的融合，在期望产出既定前提下，投入要素和非期望产出减少的空间都很大，因此，农旅融合对农业生态效率促进作用呈现逐步扩大趋势。

4.4　本章小结

本章以示范县为例，基于包含非期望产出超效率 SBM 模型，测度了全国各地级以上城市的农业生态效率，进而研究政府支持下的农旅融合对农业生态效率的促进机制，并区分东部、中部和西部地区作进一步的检验，探讨了农业生产各投入要素的影响机制，得出如下结论：

第一，从全国层面分析，农旅融合水平对农业生态效率的非线性影响呈现以融合水平为门槛的非线性特征，当融合水平低于门槛值时，对农业生态效率促进作用较低；但当跨越门槛值后即融合水平较高时，对农业生态效率促进作用非常显著且呈增强态势。

第二，从区域层面分析，东部地区融合水平对农业生态效率推进作用最显著，西部地区在农旅融合未跨越门槛值时对农业生态效率的促进作用不明显，但跨越门槛值后对农业生态效率的提升作用较大，中部地区农旅融合在跨越门槛值后对农业生态效率的促进作用略小于西部地区。

第三，实证检验了农业生产各投入要素对农业生态效率的影响机制。其中，农业劳动力、农作物播种面积、有效灌溉面积要素投入都伴随融合水平的不断深入而不断减少，农药、化肥要素投入在融合初期并未减少，在跨越门槛值后迅速下降。

第四，以地级市入选全国示范县的个数占该市所辖全部县级行政单位个数的比例构造核心变量，实证检验了创建示范县能够促进农业生态效率的提升，农业生态效率呈现以示范县占比为门槛不断提升的态势。

第5章 ◎

农旅融合促进农民富裕的机理与实证分析

第3章和第4章对农旅融合能够促进农村产业结构优化升级，以及农旅融合能够促进农业生态效率提升进行了机理分析和实证检验。本章探究农旅融合促进乡村振兴的第三条作用路径——农旅融合促进农民富裕的机理与实证分析。

长期以来，农业领域滞留了大量的农村劳动力资源，农业生产效率普遍较低，致使以农业为主要收入来源的农村居民收入较少。农旅融合新业态的出现，为农业与农村服务业之间的资源流通搭建桥梁，带动产业链延伸和农业剩余劳动力转移。农旅融合带动了餐饮等其他服务业的发展，农村产业链延长带来显著的就业效应，把大量的农业剩余劳动力转移到交通运输、餐饮、住宿等行业。这些延伸产业的经济效益远高于农业带来的经济效益，农村居民收入得到提高，加之知识溢出效应，农业部门劳动力素质得以提升，进一步提高了农业部门劳动效率和农民收入。

5.1 农旅融合提高农村居民收入的机理与实证分析

5.1.1 农旅融合提高农村居民收入的机理解析

农旅融合是农业与旅游业相互渗透、交叉，最终融为一体，逐步形成新型业态的发展过程。作为产业融合的新型业态，农旅融合与一般手工业既有共同的经济特性，但农旅融合又有别于一般手工业。主要区别在于一般手工业未能充分体现农业的生态、文化因素及产业间的融合互动与渗透关系。因农旅融合和一般手工业被赋予了相同的经济特性，故其能作用于增加农民收入。考虑数理模型分析的简洁性，本书构建的世代交叠（OLG）模型未将其生态和文化特性因素纳入。

农村居民收入主要包含资本收入、工资收入、经营收入及转移收入。大多数农村居民收入主要来源于资本收入和工资收入。假设经营收入和转移收入具有外生性，那么农村居民资本收入和工资收入都增加，农村居民纯收入便增加。下面主要对农旅融合提高农村居民资本收入和工资收入进行机理分析。

（1）生产函数

假设农村有两个部门，农业旅游部门和农业部门①。农业旅游部门的生产技术优于农业部门，生产要素包括资本和劳动，资本完全折旧。根据柯布—道格拉斯生产函数得到农业旅游部门的生产函数如式（5－1）所示。

$$Y_{at} = A_t K_t^{\alpha} L_{at}^{1-\alpha} \quad (5-1)$$

其中，a 和 t 分别代表农业旅游部门和时间；Y、A、K、L 分别代表产出、技术、资本和劳动；α 为资本生产弹性。

农业部门生产要素包括劳动力与耕地，参考经典文献（Gollin 等，2002；Yang 和 Zhu，2013）[206][207]，耕地数量短期不会发生变化，抽象化为 1。另外，旅游业作为典型的劳动服务型行业，就业门槛低，可以转移农村劳动力，转移到旅游业部门的农村劳动力可通过“干中学”效应提升技术水平。旅游业部门农村劳动力的技术水平溢出到农业部门，可提高传统农业部门的劳动力技术水平。旅游业部门农村劳动力技术溢出的程度与农旅融合水平有关，农旅融合越深入，旅游业部门的知识溢出到农业部门就越多。农旅融合之后的农业部门的生产函数如式（5－2）所示。

$$Y_{rt} = (A_t v_t)^{\theta} (A_{rt})^{1-\theta} L_{rt} \quad (5-2)$$

式（5－2）中，r 代表农业部门；v 代表农旅融合深入程度，θ 代表农业旅游部门对农业部门技术溢出程度。由式 5－2 可知，农业部门技术水平随农旅融合水平的深入而不断提升，这与孟广文和 Hans（2011）[175]、王铁和邰鹏飞（2016）[176]结论一致，说明本书构建的生产函数科学合理。

假定劳动的边际产出即为工资，由式 5－2 得到从事农业生产的农村劳动力的实际工资如式（5－3）所示。

$$w_{rt} = (A_t v_t)^{\theta} (A_{rt})^{1-\theta} \quad (5-3)$$

由式（5－1）可得农业旅游部门的实际工资如式（5－4）所示。

$$w_{at} = (1-\alpha) A_t K_t^{\alpha} L_{at}^{-\alpha} \quad (5-4)$$

资本实际报酬如式（5－5）所示。

$$r_t = \alpha A_t K_t^{\alpha-1} L_{at}^{1-\alpha} \quad (5-5)$$

① 将返乡劳动力纳入模型，不会影响模型的分析结果，但是，为了数理模型分析的简洁性，本章节没有将其纳入。

假设农村劳动力总量为L且数量不变，农业部门转移到旅游业部门劳动力数量越多，代表农旅融合越深入，得到式（5－6）。

$$v_t = L_{at}/L \tag{5-6}$$

从理论上讲，劳动力可自由流动，只要任意一个部门工资高于其他部门，劳动力就会从一个部门转移到另一个部门，直到两部门工资相同为止。但是，在现实中，劳动力流动意味着要重新适应新环境，劳动力转移需要承担转移成本，同理，在农旅融合过程中，农业部门劳动力转移到旅游业部门需要承担转移成本，得到式（5－7）。

$$w_{at} = \eta w_{rt} = \eta (A_t v_t)^{\theta} (A_{rt})^{1-\theta} \tag{5-7}$$

其中，$\eta > 1$，η 越大，意味着转移成本越高。

由式（5－4）和式（5－7）可求出人均资本（见式5－8）。

$$k_t = \left(\frac{\eta}{1-\alpha}\right)^{\frac{1}{\alpha}} \left(\frac{A_{rt}}{A_t}\right)^{\frac{1-\theta}{\alpha}} (v_t)^{\frac{\alpha+\theta}{\alpha}} \tag{5-8}$$

（2）消费者效用与预算约束

参考Song等（2011）[208]的分析方法，假定家户能存活两期，选择世代交叠模型（OLG）进行刻画。家户的效用取决于能消费的最终新产品的数量，效用函数如式（5－9）所示。

$$U_t = \ln(c_t) + \rho \ln(c_{t+1}) \tag{5-9}$$

其中，c_t 和 c_{t+1} 分别代表家户在第 t 期和第 $t+1$ 期消费的最终产品数量，ρ 为贴现率。

消费者预算约束表示如式（5－10）所示。

$$c_t + c_{t+1}/r_{t+1} = w_t \tag{5-10}$$

式中，w_t 为家户在第 t 期的工资。

根据拉格朗日一阶条件得到式（5－11）。

$$\begin{cases} c_t = [1/(1+\rho)] w_t \\ c_{t+1} = [\rho/(1+\rho)] r_{t+1} w_t \end{cases} \tag{5-11}$$

由式（5－3）、式（5－4）和式（5－11）得到农业部门和农业旅游业部门家户在第一期的储蓄如式（5－12）、式（5－13）所示。

$$s_{rt} = [\rho/(1+\rho)] (A_t v_t)^{\theta} (A_{rt})^{1-\theta} \tag{5-12}$$

$$s_{at} = [\rho/(1+\rho)] (A_t v_t)^{\theta} (A_{rt})^{1-\theta} \eta \tag{5-13}$$

（3）均衡状态

在商品市场、劳动力市场和资本市场出清时，资本存量如式（5－14）所示。

$$K_{t+1} = s_{rt}L_{rt} + s_{at}L_{at} \tag{5-14}$$

人均资本存量如式（5－15）所示。

$$k_{t+1} = \{[\rho(A_t v_t)^{\theta}(A_{rt})^{1-\theta}]/(1+\rho)\}(1+\eta v_t - v_t) \tag{5-15}$$

对 k_{t+1} 求 v_t 的偏导数可得到式（5－16）。

$$\frac{\partial k_{t+1}}{\partial v_t} = \frac{\rho\theta(\mathrm{A}_t)^{\theta}(v_t)^{\theta-1}(A_{rt})^{1-\theta}}{1+\rho} + \frac{\rho(\theta+1)(\eta-1)(A_t v_t)^{\theta}(A_{rt})^{1-\theta}}{1+\rho} \tag{5-16}$$

由 $\partial k_{t+1}/\partial v_t > 0$，可知农村人均资本随着农旅融合的不断深入而不断增加，但这只能说明农旅融合有助于农村资本总量的增加，并不能说明农旅融合有助于农村居民收入的提高。

（4）农旅融合与农村居民收入的关系

农村居民收入主要来源于农村工资收入和资本收入，以农业部门的收入为例进行分析，对式（5－3）求 v_t 的偏导数，得到式（5－17）。

$$\partial \mathrm{w}_{rt}/\partial \mathrm{v}_t = \theta A_t^{\theta} v_t^{\theta-1}(A_{rt})^{1-\theta} \tag{5-17}$$

由 $\partial \mathrm{w}_{rt}/\partial \mathrm{v}_t > 0$，可知农业部门居民的工资收入随着农旅融合的深入而不断增加。

假定农业部门居民储蓄全部转变为资本，可得到资本收入为 $r_t s_{rt}$。

对式（5－5）求 v_t 的偏导数，得到式（5－18）。

$$\partial r_t/\partial v_t = \alpha(1-\alpha)A_t k_t^{\alpha-1}(v_t L)^{-\alpha} \tag{5-18}$$

由 $\partial r_t/\partial v_t > 0$，可知单位资本报酬随农旅融合的深入而不断增加。

对式（5－12）求 v_t 的偏导数，可得到式（5－19）。

$$\partial s_{rt}/\partial v_t = \theta[\rho/(1+\rho)](A_t)^{\theta}(v_t)^{\theta-1}(A_{rt})^{1-\theta} \tag{5-19}$$

由 $\partial s_{rt}/\partial v_t > 0$，可知农业部门居民资本随着农旅融合的深入而不断增加。

由式（5－18）和式（5－19）可推断出农业部门居民资本收入随农旅融合的深入而不断增加。综上可知，农旅融合越深入，农业部门农村居民收入越高。同理可推导得出农旅融合越深入，农业旅游部门农村居民收入越高。因此，提出如下假说。

H1：农旅融合能够增加农村居民收入。

H2：农旅融合通过增加农村居民资本积累，进而增加农村居民收入。

5.1.2 农旅融合增加农村居民收入的实证研究

为检验农旅融合增加农村居民收入假说的有效性，考察农旅融合对农村居民收入的功效，本书构建面板模型对上述假说进行验证。

（1）农旅融合增加农村居民收入的变量选取、数据来源及模型设定

①变量选取。一是，核心变量设定。农旅融合水平体现了农业与旅游业相互协调相互融合的程度，全国休闲农业与乡村旅游示范县（以下简称“示范县”）的评选标准强调农业与旅游业相互协调相互融合，这高度符合农旅融合的标准。示范县评选标准要求，休闲农业与乡村旅游业从业人员中农民就业占比必须达到60%以上，强调其对农村劳动力的吸纳情况，这再次说明了本书理论模型采用旅游业对农村劳动力的吸纳情况表征农旅融合水平的合理性。考虑到不同地级市规模大小存在差异，选择示范县个数与该地区县级以上行政单位个数的比值来量化农旅融合水平（S_{it}）。

二是，中介变量选取。选取农村人均资本（ass_{it}）作为中介变量（取土地资产、生产性固定资产、金融资产及房产之和）。

三是，控制变量及调节变量设定。借鉴已有文献（程名望等，2014；张红宇，2015）[209][210]，从三个方面刻画收入的影响因素：户主特征、家庭特征、宏观经济环境。针对户主特征，选取户主年龄（$qage$）、户主年龄平方（$qage^2$，取户主年龄平方除以100）、户主教育程度（$qedu$）、户主教育程度平方（$qedu^2$）和户主性别（$gender$）进行描述；针对家庭特征，选取家庭是否从事其他经营（$ifjy$）、是否出租土地（$land$）、所收礼金数（$gift$）、家庭人口规模（fam）和抚养比（fuy）描述；宏观经济环境用人均GDP（$Pgdp_{it}$）描述。

②数据来源。本章节数据来源于中国家庭追踪调查（CFPS）数据库、各省市统计年鉴及政府网站等。通过将CFPS数据与各省市统计年鉴及政府网站数据匹配得到所需数据。其中，CFPS数据库采集范围覆盖了全国25个省份，涵盖了样本家庭的收入、健康、教育、生活等数据资料，样本代表性较好。选取2012年、2014年和2016年参与调查的农村家庭为样本，并剔除儿

童户和数据缺失严重的家庭样本后，最终得到每年度4205个农村家庭样本。

③模型设定。为检验农旅融合增加农村居民收入假说的有效性，参考已有文献对收入变量取对数（ln*inc*），本章节构建如下面板模型。

$$\ln inc_{it} = \beta_0 + \beta_1 S_{it} + \sum_{j>1} \beta_j X_{jit} + \alpha_i + \gamma_t + \varepsilon_{it} \tag{5-20}$$

式（5－20）中 i 代表第 i 个家庭，t 代表时间，X_{jit}代表第 j 个控制变量，α_i 和 γ_t 分别代表地区和时间固定效应，ε_{it}代表随机误差项。

（2）农旅融合增加农村居民收入的实证结果分析

农旅融合增加农村居民收入的分析结果如表5－1所示。由表5－1的分析结果可知，第2列是没有加入控制变量的模型分析结果，第4列是加入控制变量后的模型分析结果。第2列，农旅融合的系数为0.037且在1%水平上显著，表明农旅融合水平每提高1个百分点，农村居民收入将增加0.037，在加入了控制变量之后，农旅融合对农村居民收入的系数依然在5%水平上显著为正，说明农旅融合增加农村居民收入的结果较稳健。

表5－1　　农旅融合增加农村居民收入的分析结果

变量	ln*inc*	t值	ln*inc*	t值
S	0.0370***	3.7819	0.0272**	2.1987
qage.			0.0470***	6.6138
qage2			－0.0508***	－7.4533
qedu			0.0256***	2.6392
qedu2			0.0020**	2.1684
gender			－0.1089***	－3.7954
ifjy			0.1141**	2.2048
land			0.1777***	4.6361
gift			0.0443**	2.0736
fam			0.0116	1.3545
fuy			－0.1407***	－3.3102
Pgdp			0.0106***	3.1773
_cons	8.5739***	277.8413	7.4491***	38.6632
年份	固定		固定	
地区	固定		固定	
Wald检验	145.2600***		566.4300***	

注：**、***分别表示在5%、1%的置信水平上显著。

从控制变量分析，农村家庭户主的年龄与农村家庭收入呈现倒“U”形关系，即户主年龄增加在未到拐点时有助于增加农村居民收入，但到达拐点之后，随着农村户主年龄的增加，农村居民收入反而下降；户主受教育程度越高，农村居民收入增加越多；从事其他经营及出让耕地有助于农村民居收入增加；礼金数增加，意味着社会资本越多，因此有助于提高农村居民收入；家庭抚养比越高，花在照顾孩子上的时间精力越多，引致农村居民收入下降；经济发展水平越高，经济越发达，农村居民收入也会增加。上述控制变量系数方向与已有文献研究结论一致，这再次说明了本书研究结果较为稳健可信。

（3）稳健性检验

采用替换变量方式检验结果的稳健性，将变量人口抚养比替换成孩子数量（*Sch*），融合水平替换成滞后融合水平（*Sl*），所得结果如表5-2所示。由上述结果发现，稳健性检验结果与实证结果基本一致，说明实证所得结果较为稳健。

表5-2　　农旅融合增加农村居民收入的稳健性检验结果

变量	ln*inc*	t值	ln*inc*	t值
S	0.0276*	1.8216		
			0.0461**	2.2556
qage.	0.0494***	6.9237	0.0471***	6.6256
qage2	-0.0519***	-7.6466	-0.0509***	-7.5264
qedu	0.0242**	2.4821	0.0256***	2.6328
qedu2	0.0021**	2.5157	0.0020**	2.3513
gender	-0.1028***	-3.2276	-0.1089***	-3.4278
ifjy	0.1116**	2.2905	0.1147**	2.3670
land	0.1784***	4.3904	0.1772***	4.3686
gift	0.0466**	2.2354	0.0455**	2.1871
fam	0.0288***	3.1060	0.0114	1.3965
fuy			-0.1405***	-3.3674
sch	-0.0676*	-1.7781		
Pgdp	0.0103		0.0097	1.3651
ass				
_cons	7.2936***	38.3926	7.4513***	38.9780
年份	固定		固定	
地区	固定		固定	
Wald检验	525.6800***		569.0100***	

注：*、**、***分别表示在10%、5%、1%的置信水平上显著，括号内是t值。

(4) 农旅融合增加农村居民收入的中介效应检验

根据上述机理分析，农旅融合能够增加农村居民人均资本（ ass ），进而提高农村居民收入水平。为了检验该影响机制，本书参考已有关于中介效应检验程序（温忠麟等，2004）[187]，建立如下检验模型（见式 5－21、式 5－22、式 5－23）。

$$\ln inc_{it} = \beta_0 + \beta_1 S_{it} + \beta_j X_{jit} + \alpha_i + \gamma_t + \varepsilon_{it} \quad (5-21)$$

$$ass_{it} = \eta_0 + \eta_1 S_{it} + \mu_j X_{jit} + \alpha_i + \gamma_t + \varepsilon_{it} \quad (5-22)$$

$$\ln inc_{it} = \nu_0 + \nu_1 S_{it} + \nu_j X_{jit} + \nu_2 ass_{it} + \alpha_i + \gamma_t + \varepsilon_{it} \quad (5-23)$$

借鉴温忠麟和叶宝娟（2014）[211]的研究成果，在进行中介效应检验时，当系数 η_1 和 ν_2 都显著时，不需要进行 sobel 检验判断是否存在中介效应；当系数 η_1、ν_2 和 β_1 都显著时，说明存在中介效应，但当 η_1、ν_2 显著，β_1 不显著时，说明存在遮掩效应。农村居民人均资本作为中介变量的模型的回归结果如表 5－3 所示。由表 5－3 的结果发现，农村居民人均资本作因变量时，农旅融合的系数显著为正，说明农旅融合促进了农村居民人均资本的增加。在控制了中介变量农村居民人均资本的影响后，农村居民收入作因变量时，农村居民人均资本和农旅融合的系数依然为正，表明消费需求部分中介了农旅融合对农村产业结构优化升级的促进作用。

表 5－3　　农旅融合增加农村居民收入的中介检验结果

变量	ln*inc*	*ass*	ln*inc*
S	0.0272* (1.6987)	1.6863** (2.3209)	0.0385*** (2.2823)
qage.	0.0470*** (6.6138)	0.4906* (1.6774)	0.0395*** (4.8566)
qage2	－0.0508*** (－7.4533)	－0.4611* (－1.6664)	－0.0425*** (－5.6459)
qedu	0.0256*** (2.6392)	0.2582 (1.0213)	0.0180* (1.6801)
qedu2	0.0020** (2.1684)	0.0485 (1.3968)	0.0025*** (2.8474)
gender	－0.1089*** (－3.7954)	－1.7474 (－1.2489)	－0.1267*** (－3.4849)

续表

变量	ln*inc*	*ass*	ln*inc*
ifjy	0.1141 ** (2.2048)	35.9642 *** (16.3446)	0.1855 *** (2.6587)
land	0.1777 *** (4.6361)	6.8010 *** (3.6454)	0.1934 *** (3.7476)
gift	0.0443 ** (2.0736)	5.6272 *** (6.8242)	0.0306 * (1.6673)
fam	0.0116 (1.3545)	2.7857 *** (8.1544)	0.0134 (1.3379)
fuy	-0.1407 *** (-3.3102)	-4.1681 ** (-2.3352)	-0.1688 *** (-3.8413)
Pgdp	0.0106 *** (3.1773)	-0.2176 (-1.1051)	0.0120 (1.5789)
ass			0.0032 *** (10.3364)
_*cons*	7.4491 *** (38.6632)	-2.6253 (-0.3247)	7.4733 *** (35.6777)
年份	固定	固定	固定
地区	固定	固定	固定
Wald 检验	566.4300 ***	617.5300 ***	531.8300 ***
观察值	12600	12600	12600

注：*、**、*** 分别表示在10%、5%、1%的置信水平上显著，括号内是t值。

5.2 农旅融合减缓农村贫困机理与实证分析

已有文献关于旅游业减缓贫困效应的观点有三种：发展旅游业能够减缓贫困（Croes 和 Vanegas，2008）[8]；发展旅游业加重了贫困（Sharpley，2009）[124]；旅游业发展与贫困减缓没有联系（Ashley，2006）[126]。农旅融合作为一种新型产业形态，并成为乡村振兴的重要选择路径，是减缓了农村贫困、加重了农村贫困，还是与农村贫困没有联系？如果能够减缓农村贫困，又是如何作用于农村减贫？目前学术界有关农旅融合对农村贫困减缓功效及农旅融合如何减缓农村贫困的深层机制研究较少。

针对这些问题，本节在分析农旅融合减缓农村贫困机制的基础上，利用CFPS微观数据库，测算农村收入贫困和多维贫困，进而采用包含交互效应的Probit、Tobit模型，探究农旅融合减缓农村贫困的功效及经济发展水平对农村贫困减缓的调节效应。

在理论阐述农旅融合减缓农村贫困机理的基础上，实证检验农旅融合减缓农村贫困的作用，探究经济发展水平的异质性对农旅融合与农村贫困减缓的功效差异性。

5.2.1 农旅融合减缓农村贫困的机理解析

（1）农旅融合减缓农村贫困的直接效应机理解析

根据5.1节分析可知，农旅融合越深入，居民收入越高。但贫困的本质是对基本可行能力的剥夺（Sen，1976、2000）[212][213]，参考《人类发展报告(2010)》提出的全球多维贫困指数（Alkire和Santos，2014）[214]，农村多维贫困的维度主要有三个：生活水平状况、教育状况及健康状况。农旅融合减缓农村贫困既有积极的一面也有消极的一面。

农旅融合减缓农村多维贫困积极因素：第一，农村居民收入提高能够改善农村居民住房条件，提高农村居民生活水平；第二，农村居民收入提高能提供其子女更多受教育机会；第三，农村居民收入提高能购买更多的食品，改善其营养状况。

农旅融合减缓农村多维贫困消极因素：第一，收入提高对消费支出有一定的时滞性，故短期内对他们生活水平提高有限；第二，对16岁以上成年人而言，即便收入提高，小学辍学后再接受学校教育的可能性较低，因此农村居民收入提高并不能减缓16岁以上成年人教育贫困；第三，影响健康状况的因素较多，收入提高很难短期提高健康水平。基于以上分析，提出如下假说。

H1a：农旅融合能够减缓农村收入贫困。

H1b：农旅融合减缓农村多维贫困效果不显著。

（2）经济发展水平对农旅融合减缓农村贫困的调节机制

农旅融合发生于一定经济环境中，农旅融合减缓农村贫困的差异应该考虑经济发展水平因素的权变影响。农旅融合减缓农村收入贫困的有效程度，可能受制于经济发展水平，是基于以下理由。

①经济发展水平影响农旅融合。经济发展水平通过两条路径作用于农旅融合：一是，经济发展水平通过影响旅游业的需求而作用于农旅融合水平。经济发展水平越高的地区，居民收入水平相对较高，旅游需求动机较强，对旅游需求越多，旅游需求的增加推动农旅融合深入发展。二是，经济发展水平通过影响旅游业基础设施和旅游市场的服务设施作用于农旅融合水平（生延超和钟志平，2009）[215]。农旅融合的深入发展需要完善的基础设施和服务设施（贺小荣和胡强盛，2018）[174]，旅游业前期投入大，回报周期长，旅游业的交通、通信等基础设施前期资金投入较多，这都需要政府的大力支持，需要旅游目的地经济发展作为支撑；农旅融合的深入发展也需要完善的旅游市场服务设施，政府在资金上支持旅游基础设施完善的同时，也要促进住宿、娱乐等旅游市场服务设施体系的完善。经济发展水平高的地区，资金相对宽裕，发展农旅融合所需资金也更容易得到政府支持，政府在发展农旅融合时所投入的资金相对更多，基础设施更完善，为推进农旅融合的深入发展带来了便利。

②经济发展水平影响游客消费水平。经济发展水平通过影响游客消费水平而影响旅游业的收益。游客消费水平影响旅游业的收益（李增福和刘笑明，2004）[216]，经济发展水平越高的地区，居民收入相对较高，而作为游客的居民，收入越高，消费水平也越高，旅游业收益也越多，旅游业当地居民的收入提高的就越多。

因此，当地经济发展水平越高，农村居民通过发展农旅融合增收越多，减缓农村收入贫困越明显。但是由于收入提高对农村多维贫困具有时滞性，减缓农村多维贫困不明显。据此，提出如下假说。

H2a：经济发展水平对农旅融合减缓农村收入贫困具有正向调节作用。

H2b：经济发展水平对农旅融合减缓农村多维贫困的正向调节不显著。

5.2.2 贫困测度

（1）贫困测度方法及数据来源

①收入贫困测度方法。根据 FGT 指数方法（Foster 等，1984、2010）[217][218]测

度收入贫困，计算公式如式（5－24）所示。

$$p = \frac{1}{n} \sum_{i=1}^{q} \left[\frac{z - s_i}{z} \right]^a \tag{5-24}$$

式（5－24）中，p 代表收入贫困，以收入贫困的广度和深度两个维度衡量收入贫困。收入贫困的广度采用当 $a = 0$ 时的收入贫困发生率来衡量，收入贫困的深度采用当 $a = 1$ 时的收入贫困差距来衡量。n 代表样本家庭单位数量，q 代表收入贫困样本家庭数量，z 表示收入贫困线，s_i 代表第 i 个样本家庭的人均家庭收入。

收入贫困以 2015 年世界银行（以下简称“世行”）规定的标准（即高标准 3.1 美元/天和低标准 1.9 美元/天，按一年 365 天计算，根据当时的汇率标准折合成人民币）和 2010 年国家规定的贫困线（即 2300 元/年为标准）进行识别。此外，所有数据都已剔除通货膨胀因素。

②多维贫困的测度方法和测度框架。一是，多维贫困的测度方法。根据 A－F 方法（Alkire 和 Foster，2011）[219]测度多维贫困，计算方法如下：第一步，构造 $n \times d$ 的样本福利矩阵 X。其中 n 代表样本家庭单位数量，d 代表福利维度，矩阵元素 X_{ij} 表示第 i 个样本第 j 个维度的福利值。第二步，构造 $1 \times d$ 的剥夺临界向量 Z。$Z = (z_1, z_2, \cdots, z_d)$，向量元素 z_j 表示第 j 项福利指标剥夺临界值，通过比较样本家庭 i 在第 j 项指标上的福利状态 x_{ij} 与第 j 项福利指标剥夺临界值 z_j，判断样本家庭 i 是否陷入第 j 维贫困。第三步，构造 $n \times d$ 剥夺矩阵 G。当 $x_{ij} > z_j$ 时，表示样本家庭 i 陷入第 j 维贫困，记矩阵元素 $g_{ij} = 1$，反之，$g_{ij} = 0$。第四步，构造 $1 \times d$ 的指标向量 W。$W = (w_1, w_2, \cdots, w_d)$，$w_j$ 表示第 j 项福利指标的权重，$\sum_{j=1}^{d} w_j = 1$，第五步，构造 $n \times d$ 加权剥夺矩阵 C。剥夺矩阵 C 中元素定义为 $c_{ij} = g_{ij} \times w_j$，样本 i 的被剥夺得分 c_i 是由 $c_i = \sum_{j=1}^{d} c_{ij}$ 得到，c_i 越大说明剥夺程度越深。第六步，确定多维贫困样本家庭数量。根据多维贫困临界值 k，当 $c_i > k$，表示第 i 个样本家庭陷入多维贫困 H，计算得出陷入多维贫困的家庭数量 q。

以多维贫困的广度和深度两个维度衡量多维贫困。以多维贫困发生率（H）衡量多维贫困的广度，平均剥夺程度（A）衡量多维贫困的深度，公式如式（5－25）、式（5－26）所示。

$$H = \frac{q}{n} \tag{5-25}$$

$$A = \frac{\sum_{i=1}^{n} c_i^k}{q}, (c_i > k) \tag{5-26}$$

二是，多维贫困的测度框架。参考《人类发展报告（2010）》提出的全球多维贫困指数（Alkire 和 Santos，2014）[214]，《中国农村扶贫发展纲要（2011—2020）》等文献设置多维贫困的维度、指标和权重，具体内容见表5－4。

表5－4　多维贫困指数的维度、指标、剥夺临界值及权重设置

维度	指标	剥夺临界值	权重
健康	营养不良	家庭中存在16岁以上成年人BMI低于18.5千克/平方米的，赋值1	1/6
教育	家庭平均健康	家庭平均健康状态在不健康以下，赋值1	1/6
	教育程度	家庭中16岁及以上成员没有完成6年义务教育的，赋值1	1/6
	适龄儿童失学	家庭中存在6—16岁适龄孩子未上学的，赋值1	1/6
生活水平	饮用水	做饭的水来自池塘水、雨水、江河湖水等不清洁水源，赋值1	1/12
	做饭燃料	做饭的燃料采用柴草、煤炭等不清洁能源，赋值1	1/12
	住房	存在日常住房困难①，赋值1	1/12
	资产	家庭中没有汽车、电视机、洗衣机等重要资产②，赋值1	1/12

根据全球多维贫困指数，遵从该领域研究惯例，多维贫困临界值 k 取20%、30%、40%，分别代表轻度贫困、中度贫困和重度贫困。

三是，数据来源。本章节数据来源于中国家庭追踪调查（CFPS）数据库，各省市统计年鉴及政府网站等，通过将CFPS数据与各省市统计年鉴及

① 日常住房困难是指存在下列情况之一：12岁以上的子女与父母同住一室；老少三代同住一室；12岁以上的异性子女同住一室；有的床晚上架起白天拆掉；客厅里也架起了睡觉的床。

② 资产缺乏是指没有下列任何资产：汽车；电动自行车；摩托车；电冰箱、冰柜；洗衣机；电视机；家用电脑；组合音响；摄像机；照相机；空调；手机；值钱家具；高档乐器；昂贵的装饰、物品、花瓶；珠宝和贵重金属（如黄金等）；古董、字画及其他艺术品。

政府网站数据匹配得到所需数据。其中，CFPS 数据库采集范围覆盖了全国 25 个省份，涵盖了样本家庭的收入、健康、教育、生活等数据资料，样本代表性较好。选取 2012 年、2014 年和 2016 年都参与调查的农村家庭为样本，并剔除儿童户和数据缺失严重的家庭样本后，最终得到每年度 4205 个农村家庭样本。

（2）贫困的测算结果分析

①农村贫困广度。2012 年、2014 年和 2016 年不同收入贫困线标准的农村收入贫困发生率和不同 k 值的农村多维贫困发生率如表 5－5 所示。由表 5－5 结果可知，不同标准的农村收入贫困发生率整体呈现下降态势，2012—2014 年不同标准的农村收入贫困发生率降幅在 1%—3%，2014—2016 年不同标准的农村收入贫困发生率降幅在 8%—10%，2012—2016 年不同标准的农村收入贫困发生率降幅在 11% 左右。其中，2014—2016 年各标准的农村收入贫困发生率下降速度均较快，而这期间中国政府高度重视农村减贫工作，且大力支持农旅融合，农旅融合呈现逐步深入态势，说明中国政府重视减贫工作初显成效，农旅融合深入发展能够降低农村收入贫困发生率。

表 5－5　　贫困广度测算结果　　单位：%

收入贫困				多维贫困			
贫困线	2012 年	2014 年	2016 年	k 值	2012 年	2014 年	2016 年
2015 年世行高标准	30.3037	27.5251	19.4360	20%	59.8048	56.4642	59.1540
2015 年世行低标准	19.0022	17.9393	9.7180	30%	36.7679	33.5575	33.6226
国家 2010 年贫困标准	18.0043	17.7440	7.9610	40%	26.0954	22.1475	16.8330

但是，不同标准的多维贫困发生率变化方式各不相同，轻度、中度和重度多维贫困发生率在 2012—2014 年均减少 3% 左右，但在 2014—2016 年轻度和中度多维贫困发生率出现反弹，重度多维贫困沿袭下降趋势。2014—2016 年是中国政府高度重视农村减贫工作的阶段，也是中国政府大力支持农旅融合、农旅融合呈现逐步深入态势的阶段。这从描述性的视角说明农村减贫工

作大多停留在收入贫困阶段，致使农村收入贫困发生率下降幅度较大，但农村多维贫困发生率出现发弹，抑或说明农旅融合不能降低农村多维贫困的发生率。但贫困的本质是对基本可行能力的剥夺（Sen，1976、2000）[212][213]，只有减缓多维贫困才是真正意义的减缓贫困，因此中国政府在重视减缓农村收入贫困的同时，需要更多关注农村多维贫困。

以上仅从农村贫困广度单一维度分析得出的结论，进一步的检验还需从农村贫困深度维度进行分析。

②农村贫困深度。2012 年、2014 年和 2016 年不同收入贫困线标准的收入贫困差距和不同 k 值的多维贫困差距如表 5 -6 所示。由表 5 -6 结果可见，不同标准的农村收入贫困差距整体均缩小，2012—2014 年不同标准的农村收入贫困差距缩小幅度在 1 以内，2014—2016 年不同标准的农村收入贫困差距缩小幅度在 8%—13%，整个 2012—2016 年不同标准的农村收入贫困差距缩小幅度在 8%—14%。其中，2014—2016 年各标准的农村收入贫困差距缩小幅度较大，这一分析结果与农村收入贫困发生率分析结果大体相似。说明这期间中国政府高度重视农村减贫工作，且大力支持农旅融合，农旅融合呈现逐步深入态势，能够从贫困广度与深度两维度减缓农村收入贫困。

表 5 -6　　贫困深度测算结果　　单位:%

收入贫困				多维贫困			
贫困线	2012 年	2014 年	2016 年	k 值	2012 年	2014 年	2016 年
2015 年世行高标准	51. 0990	50. 7312	40. 2670	20%	38. 0486	36. 1762	33. 5839
2015 年世行低标准	50. 9839	50. 3121	37. 1467	30%	46. 2242	43. 8052	40. 1022
国家 2010 年贫困标准	51. 0364	50. 2028	42. 6346	40%	51. 4963	49. 2001	46. 8535

但是，与收入贫困发生率变化不同的是，不同标准的农村多维贫困差距整体均缩小较少。不同标准的农村多维贫困差距缩小幅度各不相同，轻度、中度和重度农村多维贫困差距在 2012—2014 年缩小 2%—3%，在 2014—2016 年不同标准农村多维贫困差距缩小幅度也在 2%—3% 区间，2012—2016 年，农村中度多维贫困差距缩小幅度最大，超过 6%。

由以上分析可知，2012—2016 年，从广度与深度两维度分析，农村收入贫困均呈现减缓态势，且 2014—2016 年减缓速度最快。从广度分析农村多维贫困并未完全呈现减缓态势，仅从深度分析农村多维贫困呈现减缓态势。尽管 2014—2016 年中国农旅融合呈现深入发展态势，但仅农村收入贫困出现减缓趋势，农村多维贫困并未出现减缓趋势。这从描述性视角说明农旅融合能够减缓农村收入贫困，但未必能减缓农村多维贫困。

5. 2. 3 农旅融合减缓农村贫困实证研究

为检验农旅融合对农村贫困减缓假说的有效性，考察农旅融合对农村贫困减缓的功效，构建调节效应模型对上述假说进行验证。

（1）农旅融合减缓农村贫困的变量选取及模型设定

①变量选取。一是，核心变量设定。农旅融合水平体现了农业与旅游业相互协调相互融合的程度，全国休闲农业与乡村旅游示范县（以下简称“示范县”）的评选标准强调农业与旅游业相互协调相互融合，这高度符合农旅融合的标准。示范县评选标准要求休闲农业与乡村旅游业从业人员中农民就业占比必须达到 60% 以上，强调其对农村劳动力的吸纳情况，这再次说明了本书理论模型采用旅游业对农村劳动力的吸纳情况表征农旅融合水平的合理性。考虑到不同地级市规模大小存在差异，选择示范县个数与该地区县级以上行政单位个数的比值来量化农旅融合水平（ S_{it} ）。

二是，控制变量及调节变量设定。借鉴已有文献（程名望等，2014；张红宇，2015）[209][210]，从三个方面刻画贫困的影响因素：户主特征、家庭特征、宏观经济环境。针对户主特征，选取户主年龄（X_{it}^3）、户主年龄平方（X_{it}^4）、户主教育程度（X_{it}^5）、户主教育程度平方（X_{it}^6）和户主性别（X_{it}^7）进行描述；针对家庭特征，选取家庭是否从事其他经营（X_{it}^8）、是否出租土地（X_{it}^9）、所收礼金数（X_{it}^{10}）、家庭人口规模（X_{it}^{11}）和抚养比（X_{it}^{12}）描述；宏观经济环境用人均 GDP（$Pgdp_{it}$）描述，$Pgdp_{it}$ 同时是调节变量，农旅融合水平与人均 GDP 的交互项表示为（$Spgdp_{it}$）。

②模型设定。为考察农旅融合对农村家庭贫困发生率和农村贫困差距的影响，以及经济发展水平作为调节变量对农旅融合与农村家庭贫困的发生率

和贫困差距的影响，以农村贫困广度和农村贫困深度为因变量，建立如下模型。

$$\text{Prob}(Y_{it}^{p} \mid S_{it}, Pgdp_{it}, X_{it}) = \varphi(\beta_0 + \beta_1 S_{it} + \beta_2 Pgdp_{it} + \sum_{j=3}^{12} \beta_j X_{it}^{j} + \tau_i + \upsilon_t + \varepsilon_{it}) \quad (5-27)$$

$$\text{Prob}(Y_{it}^{p} \mid S_{it}, Pgdp_{it}, Spgdp_{it}, X_{it}) = \varphi(\beta_0 + \beta_1 S_{it} + \beta_2 Pgdp_{it} + \beta_M Spgdp_{it} + \sum_{j=3}^{12} \beta_j X_{it}^{j} + \tau_i + \upsilon_t + \varepsilon_{it}) \quad (5-28)$$

$$Y_{it}^{c} = \alpha_0 + \alpha_1 S_{it} + \alpha_2 Pgdp_{it} + \sum_{j=3}^{12} \alpha_j X_{it}^{j} + \tau_i + \upsilon_t + \mu_{it} \quad (5-29)$$

$$Y_{it}^{c} = \alpha_0 + \alpha_1 S_{it} + \alpha_2 Pgdp_{it} + \alpha_M Spgdp_{it} + \sum_{j=3}^{12} \alpha_j X_{it}^{j} + \tau_i + \upsilon_t + \mu_{it} \quad (5-30)$$

其中，下角标 i 、t 分别代表家庭和时间。Y_{it}^{p} 为虚拟变量，$Y_{it}^{p}=1$ 表示第 i 个家庭在第 t 期陷入贫困状态，$Y_{it}^{p}=0$ 表示第 i 个家庭在第 t 期没有陷入贫困，式（5－27）是不包含调节效应的 Probit 模型，式（5－28）是包含调节效应的 Probit 模型，φ 是标准正态累积分布函数；Y_{it}^{c} 表示第 i 个家庭在第 t 期陷入贫困状态时的贫困差距，式（5－29）是不包含调节效应的 Tobit 模型，式（5－30）是包含调节效应的 Tobit 模型；τ_i 和 υ_t 分别代表地区和时间固定效应。

在非线性模型中，真实调节效应等于总调节效应与结构调节效应之差（Bowen，2012）[220]，即等于次级调节效应。

式（5－28）贫困发生率的总调节效应等于核心变量 S 边际影响变化对调节变量 $Pgdp$ 变化的比率（见式5－31，式5－32）。

$$T(Z) = \frac{\partial^2 \varphi(Z)}{\partial S \partial Pgdp} = \beta_M \varphi'(Z) + (\beta_1 + \beta_M S)(\beta_2 + \beta_M Pgdp)\varphi''(Z) \quad (5-31)$$

$$Z = \beta_0 + \beta_1 S + \beta_2 Pgdp + \beta_M Spgdp + \sum_{j=3}^{12} \beta_j X^{j} \quad (5-32)$$

结构调节效应是假设 β_M 为0时的调节效应（见式5－33，式5－34）。

$$ST(Z) = \frac{\partial^2 \varphi(\bar{Z})}{\partial S \partial Pgdp} = \beta_1 \beta_2 \varphi''(\bar{Z}) \quad (5-33)$$

$$\bar{Z} = \beta_0 + \beta_1 S + \beta_2 Pgdp + \sum_{j=3}^{12} X^j \beta_j \quad (5-34)$$

真实的调节效应，即次级调节效应如式（5－35）所示。

$$SC(Z) = \beta_1\beta_2[\varphi'(Z) - \varphi''(\bar{Z})] + \beta_M[\varphi'(Z) + \varphi''(Z)(\beta_2 S + \beta_1 Pgdp + \beta_M S \cdot Pgdp)] \quad (5-35)$$

（2）农旅融合减缓农村贫困的实证结果分析

①农旅融合降低农村家庭陷入贫困概率的结果分析。农旅融合降低农村家庭陷入贫困概率的分析结果如表5－7所示，其中，收入贫困1、收入贫困2、收入贫困3分别代表世行规定的高标准3.1美元/天的收入贫困线、世行规定的低标准1.9美元/天收入贫困线和国家2010年规定的2300元/年的收入贫困线，三种不同的收入贫困线共同验证农旅融合对农村收入贫困的影响；多维贫困1、多维贫困2和多维贫困3分别代表$k=20\%$的轻度多维贫困、$k=30\%$的中度多维贫困和$k=40\%$的重度多维贫困，三种不同标准的多维贫困共同检验农旅融合对农村多维贫困的作用效果，本书的分析继续沿袭这种表述。

表5－7　　　　贫困发生率直接效应检验结果

变量	收入贫困1	收入贫困2	收入贫困3	多维贫困1	多维贫困2	多维贫困3
S	－1.0131*** （－3.4042）	－1.1838*** （－3.5348）	－1.1705*** （－3.4225）	0.7111 （1.5623）	0.1744 （0.5845）	－0.0390 （－0.1169）
X^3	－0.0739*** （－8.2111）	－0.0649*** （－6.8316）	－0.0673*** （－7.0842）	－0.0368*** （－3.1913）	－0.0291*** （－3.0000）	－0.0361*** （－3.4712）
X^4	0.0846*** （9.8372）	0.0753*** （8.2747）	0.0764*** （8.3956）	0.0481*** （4.2768）	0.0376*** （4.0430）	0.0435*** （4.3939）
X^5	－0.0091 （－0.7280）	－0.0186 （－1.3778）	－0.0225* （－1.6667）	－0.2451*** （－15.7115）	－0.1385*** （－10.5271）	－0.1099*** （－7.7943）
X^6	－0.0041*** （－3.7273）	－0.0027** （－2.2500）	－0.0024** （－2.0000）	0.0082*** （6.8333）	0.0030*** （2.7273）	0.0014 （1.0769）
X^7	0.0990** （2.3684）	0.0433 （0.9622）	0.0317 （0.6998）	0.3720*** （7.2374）	0.2462*** （5.5078）	0.2121*** （4.3463）
X^8	－0.6423*** （－8.4736）	－0.7133*** （－7.6207）	－0.7063*** （－7.4113）	－0.4352*** （－6.0028）	－0.4813*** （－6.6113）	－0.4296*** （－5.0541）

续表

变量	收入贫困1	收入贫困2	收入贫困3	多维贫困1	多维贫困2	多维贫困3
X^9	-0.1461*** (-2.6324)	-0.1712*** (-2.7480)	-0.1457** (-2.3201)	-0.2176*** (-3.5440)	-0.0956* (-1.7041)	-0.1270** (-2.0255)
X^{10}	-0.1270*** (-4.3643)	-0.0677** (-2.2417)	-0.0588* (-1.9535)	-0.0554* (-1.7532)	-0.0384 (-1.3427)	-0.0278 (-0.9205)
X^{11}	-0.0286*** (-2.8889)	-0.0460*** (-4.2202)	-0.0447*** (-4.0636)	0.0780*** (6.3415)	0.0486*** (4.7184)	0.0444*** (3.9643)
X^{12}	0.4696*** (8.7776)	0.4463*** (8.0126)	0.4322*** (7.7455)	-0.3965*** (-5.5845)	-0.1131* (-1.8977)	-0.1714*** (-2.6781)
Pgdp	-0.0551*** (-3.9928)	-0.0454*** (-3.0470)	-0.0393*** (-2.6200)	-0.1136*** (-6.8848)	-0.0587*** (-4.0764)	-0.0531*** (-3.3822)
Spgdp	-1.9472** (-2.0203)	-3.5125*** (-3.1267)	-3.6720*** (-3.2112)	1.2447 (1.6230)	-0.1082 (-0.1435)	0.8734 (1.0212)
_cons	1.1315*** (4.6184)	0.5080* (1.9479)	0.5198** (1.9939)	1.6602*** (5.3365)	0.0307 (0.1162)	-0.1604 (-0.5608)
年份	固定	固定	固定	固定	固定	固定
地区	固定	固定	固定	固定	固定	固定
Wald 检验	744.2900***	581.3400***	588.8400***	1242.6100***	1009.7400***	792.6000***
观察值	12600	12600	12600	12600	12600	12600

注：*、**、*** 分别代表10%、5%、1%的显著性水平，括号内是t值。

由 Wooldridge（2015）[221]的分析思路得知，农旅融合对是否陷入贫困的 Probit 模型的偏效应可由式（5-36）微积分得到。

$$\frac{\partial \text{Prob}(Y_{it}^{p} \mid S_{it}, Pgdp_{it}, X_{it})}{\partial S_{it}}$$

$$= \frac{\partial \varphi(\beta_0 + \beta_1 S_{it} + \beta_2 Pgdp_{it} + \beta_M Spgdp_{it} + \sum_{j=3}^{12} X_{it}^{j}\beta_j + \tau_i + v_t + \varepsilon_{it})}{\partial S_{it}}$$

$$= \beta_1 g(\beta_0 + \beta_1 S_{it} + \beta_2 Pgdp_{it} + \beta_M Spgdp_{it} + \sum_{j=3}^{12} X_{it}^{j}\beta_j + \tau_i + v_t + \varepsilon_{it}) \tag{5-36}$$

因为 $g(\cdot)$ 是累积分布函数 $\varphi(\cdot)$ 的概率密度函数，对于变量的任意取值，概率密度函数 $g(\cdot)$ 都大于0，因此，表5－7的Probit模型的农旅融合偏效应及其他变量的偏效应的方向与系数方向一致，系数越大说明功效越大。

由表5－7的结果可知，收入贫困1、收入贫困2和收入贫困3的系数分别为－1.0131、－1.1838和－1.1705且显著，说明农旅融合无论对于世行规定的收入贫困线还是国家贫困线，即对降低各种程度的农村收入贫困的效果都非常显著。但是对于多维贫困，无论是轻度、中度还是重度贫困，变量农旅融合的系数都不显著，说明农旅融合对于降低农村家庭陷入多维贫困概率的效果不明显，降低农村多维贫困发生率还需要结合其他方法。

另外，表5－7还关注到参与土地流转能够降低农村家庭陷入长期多维贫困的概率，从事个体经营或经营私营企业也能有效降低农村家庭陷入多维贫困的风险，这一结论与侯亚景（2017）[222]所得结果一致，这印证了本书结果的合理性。

基于以上分析结果，得出降低农村贫困发生率的有效路径：农旅融合结合土地流转和开展并参与多种经营方式共同降低农村多维贫困发生率。

②农旅融合对缩小农村贫困差距的结果分析。农旅融合对缩小农村贫困差距的分析结果如表5－8所示。由表5－8的结果可知，收入贫困1、收入贫困2和收入贫困3的系数分别为－0.4716、－0.6209、－0.6275且显著，说明农旅融合能够增加贫困家庭的收入，农旅融合所带来的收入增加更多地向农村贫困家庭倾斜，农村贫困差距缩小显著。但对于各种程度的多维贫困，变量农旅融合的系数都不显著，说明农旅融合对于缩小农村家庭多维贫困的差距效果并不明显。

此外，表5－8还列示了变量是否参与土地流转和是否从事其他经营的系数，由于两系数对收入贫困和多维贫困皆为负值且显著，说明参与土地流转和从事其他经营能够同时缩小农村收入贫困和多维贫困的差距。因此，农旅融合结合土地流转和开展并参与多种经营方式是缩小农村多维贫困差距的有效途径。

综合上述分析，得出结论：农旅融合能够减缓农村收入贫困，但是不能减缓农村多维贫困。本章假说H1a和H1b得到验证。

笔者用滞后两期的农旅融合水平考察其对农村多维贫困的效用，发现虽呈现减缓多维贫困态势但仍然不显著，这可能是因为收入对多维贫困影响的滞后期较长和多维贫困本身的多维性所引致，与机理分析所得结论基本一致。

表 5-8　　贫困差距直接效应检验结果

变量	收入贫困1	收入贫困2	收入贫困3	多维贫困1	多维贫困2	多维贫困3
S	-0.4716*** (-3.3211)	-0.6209*** (-3.1406)	-0.6275*** (-2.9502)	0.1498 (1.2130)	0.1314 (1.4949)	0.1059 (0.7564)
X^3	-0.0409*** (-9.7381)	-0.0457*** (-8.1607)	-0.0483*** (-8.1864)	-0.0067*** (-4.4667)	-0.0125*** (-4.4643)	-0.0206*** (-4.6818)
X^4	0.0455*** (11.3750)	0.0503*** (9.490)	0.0526*** (9.3929)	0.0077*** (5.5000)	0.0137*** (5.0741)	0.0221*** (5.3902)
X^5	-0.0140** (-2.4138)	-0.0222*** (-2.8462)	-0.0245*** (-2.9518)	-0.0419*** (-12.0526)	-0.0554*** (-14.9730)	-0.0648*** (-10.9831)
X^6	-0.0017*** (-3.4000)	-0.0012* (-1.7143)	-0.0011 (-1.3750)	0.0013*** (6.5000)	0.0013*** (4.3333)	0.0012** (2.4000)
X^7	0.0615*** (3.0905)	0.0479* (1.7940)	0.0403 (1.4240)	0.0842*** (12.3824)	0.1142*** (8.6515)	0.1384*** (6.6860)
X^8	-0.3453*** (-8.9688)	-0.4566*** (-7.7918)	-0.4748*** (-7.5605)	-0.1142*** (-10.1964)	-0.1932*** (-8.4000)	-0.2472*** (-6.5397)
X^9	-0.0997*** (-3.5607)	-0.1205*** (-3.1299)	-0.1148*** (-2.8137)	-0.0404*** (-4.3913)	-0.0526*** (-2.9385)	-0.0794*** (-2.7762)
X^{10}	-0.0726*** (-5.2993)	-0.0502*** (-2.8686)	-0.0479*** (-2.6033)	-0.0185*** (-4.3023)	-0.0316*** (-3.7619)	-0.0317** (-2.4766)
X^{11}	-0.0150*** (-3.2609)	-0.0223*** (-3.5397)	-0.0217*** (-3.2388)	0.0190*** (11.8750)	0.0271*** (9.3448)	0.0323*** (7.0217)
X^{12}	0.2371*** (9.7975)	0.2572*** (8.0627)	0.2632*** (7.7870)	-0.0617*** (-6.9326)	-0.0533*** (-3.1916)	-0.0875*** (-3.3397)
$Pgdp$	-0.0372*** (-6.7636)	-0.0351*** (-4.7432)	-0.0353*** (-4.4683)	-0.0286*** (-15.8889)	-0.0381*** (-10.8857)	-0.0525*** (-9.3750)
$\_cons$	0.7908*** (7.1051)	0.5834*** (3.9660)	0.5958*** (3.8340)	0.4088*** (10.5090)	0.3160*** (4.2588)	0.2770** (2.3983)
年份	固定	固定	固定	固定	固定	固定
地区	固定	固定	固定	固定	固定	固定
拟 R^2	0.0765	0.0752	0.0778	0.2212	0.1068	0.0915
对数似然值	-6764.6712	-4980.2113	-4782.5803	-4812.0095	-6841.2042	-6032.7163
观察值	12600	12600	12600	12600	12600	12600

注：*、**、*** 分别代表 10%、5%、1% 的显著性水平，括号内是 t 值。

③经济发展水平对贫困减缓的调节效应结果分析。由式（5－35）可计算经济发展水平对农旅融合与农村家庭是否陷入贫困关系的调节效应。经济发展水平对农旅融合与贫困发生率的调节效应结果如表5－9所示，其中控制变量取样本均值。真实的调节效应是次级调节效应，由表5－9的结果可知，经济发展水平对各种收入贫困的次级调节效应系数都是负值且显著，说明经济发展水平高的地区，借助农旅融合减少农村家庭陷入收入贫困概率的正向影响更为显著。但是对于多维贫困，无论是轻度、中度还是重度多维贫困，经济发展水平次级调节效应的系数都不显著，说明经济发展水平对农村家庭是否陷入多维贫困的调节作用不明显。

表5－9　　经济发展水平对农村贫困发生率的调节效应结果

	收入贫困1	收入贫困2	收入贫困3	多维贫困1	多维贫困2	多维贫困3
总效用	－0.1583*** （－5.4418）	－0.2779*** （－9.3565）	－0.2718*** （－8.7511）	0.1706** （1.9894）	－0.0202 （－1.1108）	0.1554*** （4.0586）
结构效用	0.0044 （1.2335）	0.0044 （1.1478）	0.0037 （0.9376）	－0.0085 （－0.0768）	－0.0008 （－0.7545）	0.0002 （1.2299）
次级调节效用	－0.1627** （－2.2886）	－0.2843*** （－7.4965）	－0.2805*** （－8.8631）	0.1785 （0.9695）	－0.0194 （－1.0144）	0.1552 （1.5787）

注：表中为效应期望值的非线性估计值，括号内为t值，由Delta方法得出，**、***分别代表5%、1%的显著性水平。

经济发展水平对农旅融合与农村贫困差距之间的调节效应结果如表5－10所示。由表5－10的结果可知，对农村收入贫困差距而言，农旅融合与经济发展水平的交互项的系数都是显著为负，说明经济发展水平正向调节农村收入贫困差距，但是相较于农村收入贫困差距，农村多维贫困模型的经济发展水平与农旅融合的交互项系数都不显著，说明经济发展水平对农村多维贫困的调节效应不明显。本章假说H2a和H2b得到验证。

表5－10　　经济发展水平对农村贫困差距的调节效应结果

变量	收入贫困1	收入贫困2	收入贫困3	多维贫困1	多维贫困2	多维贫困3
S	－0.5034*** （－3.5277）	－0.6806*** （－3.4235）	－0.6891*** （－3.2246）	0.1551 （1.3405）	0.1368 （1.5545）	0.1145 （0.8167）
X^3	－0.0409*** （－9.7381）	－0.0457*** （－8.1607）	－0.0483*** （－8.1864）	－0.0067*** （－4.4667）	－0.0125*** （－4.4643）	－0.0206*** （－4.6818）

续表

变量	收入贫困 1	收入贫困 2	收入贫困 3	多维贫困 1	多维贫困 2	多维贫困 3
X^4	0.0454 *** (11.3500)	0.0502 *** (9.4717)	0.0526 *** (9.3929)	0.0077 *** (5.5000)	0.0137 *** (5.0741)	0.0221 *** (5.3902)
X^5	−0.0144 ** (−2.4828)	−0.0228 *** (−2.8861)	−0.0251 *** (−2.9881)	−0.0417 *** (−21.9474)	−0.0553 *** (−14.9459)	−0.0643 *** (−10.8983)
X^6	−0.0016 ** (−3.2000)	−0.0011 (−1.5714)	−0.0010 (−1.2500)	0.0013 *** (6.5000)	0.0013 *** (4.3333)	0.0012 ** (2.4000)
X^7	0.0606 *** (3.0452)	0.0461 * (1.7266)	0.0384 (1.3569)	0.0842 *** (12.3824)	0.1142 *** (8.6515)	0.1387 *** (6.7005)
X^8	−0.3453 *** (−8.9688)	−0.4560 *** (−7.7949)	−0.4739 *** (−7.5582)	−0.1139 *** (−10.1696)	−0.1929 *** (−8.3870)	−0.2465 *** (−6.5212)
X^9	−0.1003 *** (−3.5950)	−0.1215 *** (−3.1558)	−0.1159 *** (−2.8407)	−0.0403 *** (−4.3804)	−0.0525 *** (−2.9330)	−0.0791 *** (−2.7657)
X^{10}	−0.0737 *** (−5.3796)	−0.0518 *** (−2.9600)	−0.0495 *** (−2.6757)	−0.0182 *** (−4.2326)	−0.0313 *** (−3.7262)	−0.0310 ** (−2.4219)
X^{11}	−0.0146 *** (−3.1739)	−0.0218 *** (−3.4603)	−0.0212 *** (−3.1642)	0.0189 *** (11.8125)	0.0270 *** (9.0000)	0.0321 *** (6.9783)
X^{12}	0.2377 *** (9.8223)	0.2583 *** (8.0972)	0.2643 *** (7.8195)	−0.0619 *** (−6.9551)	−0.0535 *** (−3.2036)	−0.0878 *** (−3.3511)
Pgdp	−0.0399 *** (−7.0000)	−0.0403 *** (−5.2338)	−0.0409 *** (−4.9878)	−0.0282 *** (−15.6667)	−0.0377 *** (−10.7714)	−0.0514 *** (−9.0175)
Spgdp	−1.0445 ** (−2.2491)	−1.7480 *** (−2.7506)	−1.8668 *** (−2.7566)	0.2163 (1.5904)	0.2307 (0.9730)	0.6448 (1.6204)
_cons	0.7974 *** (7.1644)	0.5953 *** (4.0414)	0.6092 *** (3.9152)	0.4073 *** (10.4704)	0.3147 *** (4.2412)	0.2738 ** (2.3706)
年份	固定	固定	固定	固定	固定	固定
地区	固定	固定	固定	固定	固定	固定
拟 R^2	0.0769	0.0760	0.0785	0.2212	0.1968	0.0918
对数似然值	−6762.0217	−4976.2885	−4778.6530	−4812.0095	−4605.0053	−6031.2786
观察值	12600	12600	12600	12600	12600	12600

注：*、**、*** 分别代表 10%、5%、1% 的显著性水平，括号内是 t 值。

④稳健性检验。采用替换变量方式检验结果的稳健性。第一，将变量人口抚养比替换成孩子数量（*Sc*），得到贫困发生率的稳健性检验结果如表 5－11

所示。由表 5 - 11 的结果可知，农旅融合能够降低收入贫困发生的概率，却不能降低多维贫困发生的概率。此外，我们还关注到参与土地流转和从事其他经营依然可以显著降低收入贫困和多维贫困发生的概率，这一稳健性检验所得结果与实证结果基本一致。

表 5 - 11　替换变量人口抚养比为孩子数量的贫困发生率稳健性检验

变量	收入贫困 1	收入贫困 2	收入贫困 3	多维贫困 1	多维贫困 2	多维贫困 3
S	-1.0178*** (-3.4212)	-1.1809*** (-3.5367)	-1.1680*** (-3.4242)	1.0214 (1.5811)	0.1791 (0.5998)	-0.0368 (-1.1829)
X^8	-0.6434*** (-8.4881)	-0.7122*** (-7.6334)	-0.7065*** (-7.4290)	-0.4413*** (-6.1037)	-0.4868*** (-6.6868)	-0.4320*** (-5.0883)
X^9	-0.1469*** (-2.6468)	-0.1723*** (-2.7746)	-0.1464** (-2.3387)	-0.2099*** (-3.4297)	-0.0916 (-1.6328)	-0.1241** (-1.9793)
Sc	0.1526*** (6.3849)	0.1382*** (5.3984)	0.1416*** (5.5097)	0.0285 (0.9048)	0.0696*** (2.6977)	0.0166 (0.6036)
$Pgdp$	-0.0553*** (-4.0072)	-0.0459*** (-3.0805)	-0.0396*** (-2.6577)	-0.1082*** (-6.5976)	-0.0558*** (-3.8750)	-0.0513*** (-3.2675)
$Spgdp$	-1.9312** (-2.0060)	-3.4771*** (-3.1062)	-3.6369*** (-3.1914)	1.2237 (1.5979)	-0.1369 (-0.1811)	0.8567 (1.0009)
$\_cons$	1.3213*** (5.4509)	0.7138*** (2.7785)	0.7064*** (2.7486)	1.2807*** (4.1595)	-0.1766 (-0.6712)	-0.3372 (-1.1857)
控制变量	固定	固定	固定	固定	固定	固定
年份	固定	固定	固定	固定	固定	固定
地区	固定	固定	固定	固定	固定	固定
Wald 检验	1233.3100***	1010.1900***	1088.8400***	717.6500***	559.6800***	571.9100***
观察值	12600	12600	12600	12600	12600	12600

注：**、*** 分别代表 5%、1% 的显著性水平，括号内是 t 值。

第二，将变量融合水平替换成滞后融合水平（Sl），得到贫困发生率的稳健性检验结果如表 5 - 12 所示。由表 5 - 12 的结果可知，农旅融合能够降低收入贫困发生的概率，却不能降低多维贫困发生的概率，参与土地流转和从事其他经营依然可以显著降低收入贫困和多维贫困发生的概率，这一稳健性检验所得结果与实证结果基本一致。

表 5-12　替换变量融合水平为滞后融合水平的贫困发生率稳健性检验

变量	收入贫困 1	收入贫困 2	收入贫困 3	多维贫困 1	多维贫困 2	多维贫困 3
Sl	-0.0597* (-1.6912)	-0.0832** (-2.0905)	-0.0718* (-1.7728)	-0.0567 (-1.3696)	0.0173 (0.4792)	-0.0537 (-1.3130)
X^8	-0.6433*** (-8.4868)	-0.7144*** (-7.6243)	-0.7073*** (-7.4140)	-0.4350*** (-6.0083)	-0.4819*** (-6.6286)	-0.4313*** (-5.0682)
X^9	-0.1437*** (-2.5892)	-0.1676*** (-2.6945)	-0.1424** (-2.2711)	-0.2165*** (-3.5318)	-0.0967* (-1.7268)	-0.1280** (-2.0382)
Pgdp	-0.0551*** (-3.9640)	-0.0424*** (-2.8267)	-0.0366** (-2.4400)	-0.1016*** (-6.1576)	-0.0566*** (-3.9306)	-0.0495*** (-3.1329)
Spgdp	-0.1692 (-1.4764)	-0.2758** (-2.0339)	-0.2920** (-2.1144)	0.1148 (1.3001)	0.0526 (0.6131)	0.1788* (1.8567)
_cons	1.1177*** (4.5676)	0.4968* (1.9071)	0.5114** (1.9647)	1.6287*** (5.2573)	0.0389 (0.1477)	-0.1756 (-0.6136)
控制变量	固定	固定	固定	固定	固定	固定
年份	固定	固定	固定	固定	固定	固定
地区	固定	固定	固定	固定	固定	固定
Wald 检验	738.5200***	573.4600***	581.5300***	1242.9200***	1009.6800***	793.0500***
观察值	12600	12600	12600	12600	12600	12600

注：*、**、*** 分别代表 10%、5%、1% 的显著性水平，括号内是 t 值。

第三，将变量人口抚养比替换成孩子数量（*Sc*），得到缩小贫困差距的稳健性检验结果如表 5-13 所示。由表 5-13 的结果可知，农旅融合能够缩小收入贫困差距，却不能缩小多维贫困发生的差距，参与土地流转和从事其他经营依然可以显著缩小收入贫困和多维贫困差距，这一稳健性检验所得结果与实证结果基本一致。

表 5-13　替换变量人口抚养比为孩子数量的贫困差距直接效应稳健性检验

变量	收入贫困 1	收入贫困 2	收入贫困 3	多维贫困 1	多维贫困 2	多维贫困 3
S	-0.4758*** (-3.3413)	-0.6222*** (-3.1424)	-0.6293*** (-2.9531)	0.0881 (1.4514)	-0.0077 (-0.4477)	0.0154 (0.5725)
X^8	-0.3479*** (-9.0129)	-0.4586*** (-7.8126)	-0.4776*** (-7.5810)	-0.1110*** (-10.0909)	-0.1923*** (-8.4342)	-0.2435*** (-6.4761)
X^9	-0.1000*** (-3.5714)	-0.1209*** (-3.1403)	-0.1152*** (-2.8166)	-0.0310*** (-3.3333)	-0.0381** (-2.1285)	-0.0560* (-1.9580)

续表

变量	收入贫困1	收入贫困2	收入贫困3	多维贫困1	多维贫困2	多维贫困3
Sc	0.0777*** (7.0636)	0.0802*** (5.4189)	0.0853*** (5.3987)	-0.0004 (-0.1081)	0.0093 (1.3478)	-0.0031 (-0.2844)
Pgdp	-0.0375*** (-6.8182)	-0.0356*** (-4.7467)	-0.0357*** (-4.5190)	-0.0162*** (-8.1000)	-0.0163*** (-4.2895)	-0.0232*** (-3.8033)
_cons	0.9007*** (8.1733)	0.7117*** (4.8914)	0.7208*** (4.6866)	0.6043** (2.1840)	0.7193 (1.5178)	0.9646 (1.4655)
控制变量	固定	固定	固定	固定	固定	固定
年份	固定	固定	固定	固定	固定	固定
地区	固定	固定	固定	固定	固定	固定
拟 R^2	0.0765	0.0719	0.0748	0.2539	0.1264	0.1051
对数似然值	-6764.6701	-4997.9512	-4798.0113	-4610.5221	-6693.9235	-5944.9200
观察值	12600	12600	12600	12600	12600	12600

注：*、**、*** 分别代表10%、5%、1%的显著性水平，括号内是t值。

第四，将变量融合水平替换成滞后融合水平（*Sl*），得到缩小贫困差距的稳健性检验结果如表5-14所示。由表5-14的结果可知，农旅融合能够缩小收入贫困差距，却不能缩小多维贫困发生的差距，参与土地流转和从事其他经营依然可以显著缩小收入贫困和多维贫困差距，这一稳健性检验所得结果与实证结果基本一致。

表5-14　替换变量融合水平为滞后融合水平的贫困差距直接效应稳健性检验

变量	收入贫困1	收入贫困2	收入贫困3	多维贫困1	多维贫困2	多维贫困3
S	-0.4034*** (-3.7412)	-0.5906*** (-3.4364)	-0.6087*** (-3.1347)	0.1304 (1.258)	0.1107 (1.2341)	0.1007 (0.8167)
X^8	-0.3451*** (-8.2769)	-0.4543*** (-7.3432)	-0.4729*** (-7.6613)	-0.1135*** (-10.6331)	-0.1919*** (-8.4130)	-0.2447*** (-6.0095)
X^9	-0.1000*** (-3.3592)	-0.1205*** (-3.5638)	-0.1156*** (-2.7511)	-0.0400*** (-4.1704)	-0.0523*** (-2.8765)	-0.0787*** (-2.9781)
Pgdp	-0.0396*** (-7.1123)	-0.0409*** (-5.3408)	-0.0407*** (-4.8884)	-0.0279*** (-14.1117)	-0.0375*** (-10.6609)	-0.0509*** (-9.0045)
Spgdp	-1.0442** (-2.2481)	-1.7478*** (-2.7506)	-1.778*** (-2.5963)	0.2109 (1.4421)	0.2308 (0.97613)	0.6453* (1.7204)

续表

变量	收入贫困1	收入贫困2	收入贫困3	多维贫困1	多维贫困2	多维贫困3
_cons	0.7971*** (7.3153)	0.5957*** (4.6240)	0.6094*** (3.9773)	0.4077*** (10.7704)	0.3147*** (4.4458)	0.2735** (2.2209)
控制变量	固定	固定	固定	固定	固定	固定
年份	固定	固定	固定	固定	固定	固定
地区	固定	固定	固定	固定	固定	固定
拟 R^2	0.0759	0.0760	0.0785	0.2209	0.1968	0.0908
对数似然值	-6713.0217	-4680.1885	-4778.6530	-3809.1134	-4605.0053	-5832.0013
观察值	12600	12600	12600	12600	12600	12600

注：*、**、*** 分别代表10%、5%、1%的显著性水平，括号内是t值。

第五，将变量人口抚养比替换成孩子数量（*Sc*），得到经济发展水平对农旅融合与农村贫困差距之间的调节效应的稳健性检验结果如表5-15所示。由表5-15的结果可知，经济发展水平正向调节农村收入贫困差距，但是对农村多维贫困的调节效应不明显。

第六，将变量融合水平替换成滞后融合水平（*Sl*），得到经济发展水平对农旅融合与农村贫困差距之间的调节效应的稳健性检验结果如表5-16所示。由表5-16的结果可知，经济发展水平正向调节农村收入贫困差距，但是对农村多维贫困的调节效应不显著。

表5-15 替换变量人口抚养比为孩子数量的贫困差距调节效应稳健性检验

变量	收入贫困1	收入贫困2	收入贫困3	多维贫困1	多维贫困2	多维贫困3
S	-1.0178*** (-3.4212)	-1.1809*** (-3.5367)	-1.1680*** (-3.4242)	0.0881 (1.2339)	-0.0077 (-0.4477)	0.0154 (0.5725)
X^8	-0.3479*** (-9.0130)	-0.4586*** (-7.8126)	-0.4776*** (-7.5810)	-0.1110*** (-10.0909)	-0.1923*** (-8.4342)	-0.2435*** (-6.4761)
X^9	-0.1000*** (-3.5714)	-0.1209*** (-3.1403)	-0.1152** (-2.8166)	-0.0300*** (-3.3333)	-0.0381** (-2.1285)	-0.0560* (-1.9580)
Pgdp	-0.0375*** (-6.8182)	-0.0356*** (-4.7467)	-0.0357*** (-4.5190)	-0.0162*** (-8.1000)	-0.0163*** (-4.2895)	-0.0232*** (-3.8033)
Spgdp	0.4644* (1.9311)	0.6355 (0.6084)	0.6772 (0.3874)	0.1160 (0.5028)	0.2371 (0.3677)	0.3748 (-0.2008)
_cons	0.9007*** (8.1733)	0.7117*** (4.8914)	0.7208*** (4.6866)	0.6043** (2.1840)	0.7193 (1.5178)	0.9646 (1.4655)

续表

变量	收入贫困 1	收入贫困 2	收入贫困 3	多维贫困 1	多维贫困 2	多维贫困 3
控制变量	固定	固定	固定	固定	固定	固定
年份	固定	固定	固定	固定	固定	固定
地区	固定	固定	固定	固定	固定	固定
拟 R^2	0.0734	0.0719	0.0748	0.2539	0.1264	0.1051
对数似然值	-6787.5443	-4997.9505	-4798.0125	-4610.5158	-6693.9235	-5944.9200
观察值	12600	12600	12600	12600	12600	12600

注：*、**、*** 分别代表 10%、5%、1% 的显著性水平，括号内是 t 值。

表 5-16　替换变量融合水平为滞后融合水平的贫困差距调节效应稳健性检验

变量	收入贫困 1	收入贫困 2	收入贫困 3	多维贫困 1	多维贫困 2	多维贫困 3
Sl	-0.4783*** (-3.3659)	-0.6349*** (-3.2066)	-0.6426*** (-3.0183)	0.1501 (1.2344)	0.1315 (1.4960)	0.1011 (0.7211)
X^8	-0.3449*** (-8.9584)	-0.4559*** (-7.7932)	-0.4739*** (-7.5462)	-0.1141*** (-10.1875)	-0.1930*** (-8.3913)	-0.2469*** (-6.5317)
X^9	-0.0996*** (-3.5571)	-0.1204*** (-3.1273)	-0.1147*** (-2.8113)	-0.0405*** (-4.4022)	-0.0528*** (-2.9497)	-0.0799*** (-2.7937)
Pgdp	-0.0391*** (-6.8596)	-0.0383*** (-4.9740)	-0.0388*** (-4.7317)	-0.0282*** (-15.6667)	-0.0374*** (-10.6857)	-0.0511*** (-8.9649)
Spgdp	-0.0817 (-1.4642)	-0.1269 (-1.6003)	-0.1384 (-1.6244)	0.0218 (1.6029)	0.0436 (1.6029)	0.0929** (2.1756)
_cons	0.7958*** (7.1500)	0.5924*** (4.0217)	0.6061*** (3.8952)	0.4072*** (10.4679)	0.3132*** (4.2210)	0.2716** (2.3515)
控制变量	固定	固定	固定	固定	固定	固定
年份	固定	固定	固定	固定	固定	固定
地区	固定	固定	固定	固定	固定	固定
拟 R^2	0.0769	0.0755	0.0780	0.2214	0.1070	0.0919
对数似然值	-6762.0217	-4978.8404	-4781.1684	-4810.7496	-6839.9516	-6030.4640
观察值	12600	12600	12600	12600	12600	12600

注：**、*** 分别代表 5%、1% 的显著性水平，括号内是 t 值。

由表 5-11 到表 5-16 的结果发现，稳健性检验结果与实证结果基本一致，说明实证所得结果是稳健的。

5.3 本章小结

本章利用CFPS数据，在构建数理模型论证农旅融合增加农村居民收入的基础上，检验了农旅融合对提高农村居民收入的作用。在理论阐述农旅融合减缓农村贫困机理的基础上，识别了各种程度的农村收入贫困和农村多维贫困，展开了农旅融合对农村两类贫困减缓机制的影响研究以及经济发展水平对农旅融合与农村两类贫困的调节效应研究。得出如下结论：

第一，农旅融合能够促进农村居民收入提高，农村居民人均资本是农旅融合促进农村居民收入提高的主要传导机制，农旅融合促进农村人均居民资本积累，进而增加农村居民收入。

第二，农旅融合对减缓农村收入贫困效果非常显著，但是对于减缓农村多维贫困效果不明显。

第三，经济发展水平作为调节变量，能够正向调节农旅融合减缓农村收入贫困，但是对农村多维贫困的调节效用不显著。

第6章 ◎

研究的主要结论与政策建议

6.1 研究的主要结论

本书以农旅融合促进乡村振兴为研究对象，将乡村振兴分解为“农业强、农村美、农民富”三个维度，依次研究农旅融合促进农村产业结构优化升级、农旅融合促进农业生态效率提升及农旅融合增加农民收入和减缓农村贫困的作用机理，并依次实证检验了机理分析假说。其中，将农村产业结构优化升级分为农村产业结构合理化和农村产业结构高度化两维度，探究农旅融合促进农村产业结构合理化和农村产业结构高度化，进而优化农村产业结构的作用机理；研究不同水平的农旅融合作用于提升农业生产效率和减少有害环境要素存在差异，引致不同水平的农旅融合作用于提升农业生态效率功效不同；实证农旅融合能够增加农村居民收入，减缓农村收入贫困，进而实现农民富裕。本书得出如下结论。

（1）测算了2010—2017年农村产业结构合理化和农村产业结构高度化水平，得出以下结果：现阶段我国各地级市的农村产业结构合理化水平普遍不高，表明农村各产业要素配置效率大多处在中级水平，农村各产业要素配置效率处在高级水平的较少，从时间上看，没有呈现逐年上升态势；农村产业结构高度化整体水平偏低，表明农村产业结构由低级向高级调整的过程不明显，时间上，在2010—2013年呈现下降趋势，在2013—2017年呈现迅速上升态势。机理解析并实证检验了农旅融合对优化农村产业结构的功效。影响机制上，农旅融合水平对农村产业结构合理化的促进作用不存在因经济发展水平的不同而发生变化；农旅融合水平对农村产业结构高度化的促进作用随经济发展水平的不同，作用大小发生改变。传导机制上，农旅融合通过两条传导途径促进农村产业结构优化升级：发展农旅融合增加了消费需求，进而优化农村产业结构；发展农旅融合增加资本积累，进而促进农村产业结构优化升级。

（2）基于非期望产出超效率SBM模型，测度了全国各地级以上城市的农业生态效率，进而研究政府支持下的农旅融合对农业生态效率的提升机制。第一，实证检验了农旅融合水平对农业生态效率的非线性影响。农旅融合对农业生态效率的影响呈现出以融合水平为门槛的非线性特征，当其融合水平低于门槛值时，对农业生态效率提升作用较低，但当跨越门槛值后，即融合水平较高时，其对农业生态效率提升作用非常显著且呈增强态势。第二，检验了农业生产各投入要素对农业生态效率的影响。其中，农业劳动力、农作物播种面积、有效灌溉面积要素投入都伴随融合水平不断深入而逐渐减少，农药、化肥要素投入在融合初期并未减少，在跨越门槛值后迅速减少。

（3）在构建农旅融合增加农民收入的研究框架基础上，实证验证了农旅融合对增加农民收入的作用。在识别了各种程度的农村收入贫困和农村多维贫困的基础上，展开农旅融合对农村两类贫困减缓机制研究。实证检验了农旅融合对减缓农村收入贫困效果非常显著，但是对于减缓农村多维贫困效果不明显；经济发展水平作为调节变量，能够正向调节农旅融合减缓农村收入贫困，但是对农村多维贫困的调节效用不显著。

6.2 相关政策建议

结合农旅融合促进乡村振兴的机理与实证分析，提出促进乡村振兴的政策建议，以期为选择相应政策措施，实现乡村振兴提供参考。

6.2.1 促进农旅融合深入发展的政策建议

农旅融合是城市经济发展到一定程度，城乡经济互动和农村产业相互渗透交叉的产物。农旅融合能推动农村经济发展，是实现乡村振兴战略的重要选择路径，促进农旅融合深入发展十分必要。

（1）加强政府的宏观引导和微观支持。根据第4章机理分析，农旅融合的深入发展必须加强政府的宏观引导和微观支持，使其在经济、生态和文化上相互融合，深入发展。

①加强农村基础设施和服务设施建设。农旅融合的深入发展需要完善的基础设施和服务设施，旅游业前期投入大且回报周期长，旅游业的交通、通信等基础设施前期资金投入较多，这需要政府的大力支持，加强发展农旅融

合乡村的交通、通信等基础设施建设；农旅融合的深入发展也需要完善的旅游市场服务设施，政府在资金上支持旅游基础设施完善的同时，需完善住宿、娱乐等旅游市场服务设施体系。

②多管齐下，提高农村居民素质。第一，组织对当前在农村的涉农人员进行系统培训，提高其综合素质，尤其重点加强对乡村旅游业人才的培养，提高其经营服务理念和接待服务能力。第二，从政策上支持进城农业劳动力返乡和城市精英下乡，营造良好的环境吸引人才，并鼓励高校人才参与发展农旅融合。

③政策扶持，财政支持农旅融合发展。中央政府需加大对农旅融合专项资金的投入，地方政府可采用减少征税来吸引私人投资乡村旅游业，在用地政策上支持农旅融合。政府可利用媒体宣传工具，做好推介宣传工作，挖掘乡村特有农耕文化，创建旅游特色品牌，保护传统村落和农业文化遗产。政府可以全国休闲农业与乡村旅游示范县为依托，积极探索财政支农资金整合的新模式，促进农旅融合深入发展。

（2）推进农业和旅游业在经济、生态和文化三方面的融合。

①推进农业和旅游业在经济方面的融合。经济融合是农旅融合的保障，农业生产功能使其能为旅游业的衣食住行提供优质农产品与服务供给上的保障，从而促进旅游业产值增加，旅游业对农业经济作用主要体现在增加农产品需求，从而促进农业产值增加。为增加农业的经济价值，可采用集约化生产方式，扩大农业生产规模。农旅融合发展需在坚持可持续发展的基础上，增加农村居民经济收入，使农村摆脱经济发展落后现状。

②推进农业和旅游业在生态方面的融合。农业除具有生产职能外，还具有生态功能，但其生态功能往往被人们所忽视，发展农旅融合需要深度挖掘并开发农村的生态资源，使其生态价值重新融入生产过程当中。生态是农旅融合的基础，由于生态与生俱来的脆弱性，加之旅游对生态环境干扰性较为强烈。在农旅融合发展中，乡村旅游从业人员在努力挖掘开发农业生态价值时，应以生态经济理论为指导，秉持绿色生态发展理念，加大生态资源、生产关系和经营方式的集约，承担保护生态环境重任。建章立制让游客文明出游，尽量减少对乡村生态带来伤害。

③推进农业和旅游业的文化融合。文化是旅游的灵魂思想，是农旅融合

深入发展，进行特色产品创造的源泉，农业生产蕴含丰富的文化内涵，深度挖掘农耕文化、民俗文化是推进农旅融合深入发展必要手段。同时，农耕文化、民俗文化具有很强的敏感性，伴随着农旅融合的发展，乡村地区容易出现传统文化异化、地域特色消失等不良现象，以致乡村旅游吸引力减退，进而对农旅融合的可持续发展造成不利影响。因此，旅游从业者需在深度挖掘乡村特色文化过程中，保持其本土性和原始性，站在传承与发展乡村文化的角度保护、利用好乡村文化，对已异化的乡村文化，加强对乡村旅游地文化恢复机制研究，并恢复重构乡村文化。

综上，农业和旅游业在经济、生态、文化上相互交融，推动农旅融合的高质量发展。通过经济耦合形成集群化经营、生态耦合形成专业化经营、文化耦合形成品牌化经营，促使新型业态价值链在攀升的过程中实现乡村振兴。

6.2.2 农旅融合推动农村产业结构优化升级的政策建议

由于我国农村长期缺乏资金、技术与相关政策体系的支持，因此广大农村单纯利用资金、技术或者各种政策来促进农村产业结构优化升级的方式不具有普遍可行性。但是，农旅融合从农村产业融合的视角提供了一种促进农村产业结构优化升级的可行方式。鉴于农村产业结构优化升级的特殊情况，提出可供选择的通过农旅融合促进农村产业结构优化升级的思路和对策建议。

(1) 加大互联网普及率，打造“互联网 + 农旅融合”模式。以互联网为基础的经济因素是农旅融合新型业态依托于互联网平台，实现与外界信息交流的根本保障。根据第 3 章农旅融合促进农村产业结构优化升级的实证模型可知，农村互联网普及率对农村产业结构优化升级的系数显著为正，说明农村互联网普及率促进了农村产业结构优化升级。因此，各乡村旅游目的地要大力普及互联网，加强和完善农旅融合地区互联网的基础设施建设。目前我国中部和西部地区经济发展水平与东部相比更弱，中西部农村地区，尤其经济发展水平落后的中西部农村地区互联网基础设施相对落后，需要加强其互联网基础设施建设，提升其信息技术水平。

互联网的普及与应用能够促进农旅融合深入发展，各地区可依托于互联网技术，充分利用网络媒体的宣传推介，推动“互联网 + 农旅融合”模式，促进农旅融合深入发展，推动农村产业结构优化升级。第一，充分利用好互联网信息技术，改变乡村获取信息处于弱势地位的现状，获取所需农业生产信息、其他地区有关农旅融合信息和其他地区有关农旅融合成功经验。打破空间和时间限制，快速有效地将大量资源投入农旅融合发展中去，减少低质量同质化的竞争，发展特色化的农旅融合，以便更好地通过农旅融合深入发展促进农村产业结构优化升级。第二，构建农旅融合互联网平台，积极发展智慧乡村游。在营销方面，有效整合农业生态资源和农业生产资源，借助游览观光、体验、消费等一整套产品，在线实时动态分享平台和网购平台，让线下游客变成线上消费者，线上消费者变成线下游客。在生产方面，通过智慧农业实时监视农业生长状况，对农作物进行高效管理，并可通过二维码等形式，追根溯源，让消费者在体验农村原生态之美的同时，能够真正吃上放心的食物，增加旅游的愉悦感。第三，借助互联网宣传乡村旅游特色和服务，打造旅游特色品牌。同时，因互联网辐射半径大，对因地理位置局限，交通较偏远的地区也可借助互联网，通过自身特色或高性价比提高竞争力，弥补地理位置的劣势发展农旅融合。

（2）引导消费升级推进农村产业结构优化升级。第3章农旅融合促进农村产业结构优化升级的中介效应模型实证了农旅融合通过促进消费，进而实现农村产业结构优化升级。因此，各发展农旅融合的乡村，可通过引导消费，进而促进农村产业结构优化升级。中央政府也出台了《关于积极发挥新消费引领作用加快培育形成新供给新动力的指导意见》，各地政府要以其为引领，从我国农村现实出发，精准施策，进一步细化实施方案、从需求端出发深入挖掘农村产业发展新动力，促进我国农村产业结构优化升级。具体实施上可以消费市场所释放出来的需求变化为导向，依托互联网以消费升级拉动农村产业结构升级，培育和构建产业新体系，通过激活农村消费所释放出来的潜在需求，促进我国农村产业结构的优化升级。在操作上，深耕旅游服务业，延长农村产业链，拓宽农业多功能性，带动农村产业结构优化升级，既要重视农业生产的发展，又要重视农业旅游业和农业加工业的发展，因地制宜进行差异化施策，实现政策的精准发力，根据不同消费群体的特点进行差异化施策。

（3）因症施策促进农村产业结构优化升级。基于农旅融合对农村产业结构优化升级功效存在地区差异，各级地方政府应该因地制宜地制定相关政策措施，以便更好地发挥农旅融合对农业生态效率的促进作用。鉴于东部地区农旅融合对农村产业结构高度化的促进作用不显著，但互联网技术对农村产业结构高度化功效较大，东部地区可依托于互联网信息技术，大力发展互联网＋农旅融合，通过互联网发展农旅融合，调整关键要素与农旅融合的配合效应，使农旅融合在促进农村产业结构高度化过程中产生效果。中部地区农旅融合促进农村产业结构合理化和高度化功效最大，中部地区需要抓住现阶段经济发展条件，继续加大力度发展农旅融合，充分发挥农旅融合促进农村产业结构优化升级的作用。西部地区农旅融合促进农村产业结构高度化的作用不显著，西部地区经济基础较为薄弱，基础设施较为落后，西部地区需要不断加快农村基础产业发展，为农旅融合快速发展奠定基础，充分发挥农旅融合促进农村产业结构优化升级的作用。

（4）加强全国示范县评选支持力度。示范县评选有利于农村产业结构优化升级。全国示范县评选有效推动了各级地方政府对乡村农旅融合的重视程度和支持力度，更从实践的层面掀起了省级示范县的评选工作，有效地促进了农村农业的产业融合和农村产业结构优化升级。因此，各级地方政府今后要继续加强休闲农业和乡村旅游示范县的评选，及时总结和推广示范县的成功经验，从而有效促进农村产业结构优化升级。

6.2.3 农旅融合推动农业生态效率提升的政策建议

鉴于农业生产的经济外部性，传统农业生产中，农民不会因关心生态环境而主动减少农业生产中化肥农药等有害要素投入。农业可持续发展必须树立农业劳动力的农业可持续发展理念，而农旅融合的深入有助于增强农民的生态化意识，树立农业可持续发展理念。基于此，提出可供选择的农旅融合促进农业可持续发展的思路和对策建议。

（1）完善农业生态化生产的规章制度体系。农业污染是农村污染的主要来源，农业生产造成的污染大有取代工业污染而成为头号污染源的趋势。但农业生产中的农药化肥等有害要素投入的负外部性，使农民不会主动减少其投入，农业的生态化生产需要完善的农业生态化制度体系，规范农业生产。

第一，加强法律规章制度体系建设。目前，中国有关农业生态化建设的法律较不完善，可参考借鉴日本及欧盟等国家经验，强化农业的生态化建设要素，完善农业生态保护、耕地保护等法律制度。建立农业生态化生产的规章制度，规范农业生产经营主体的行为，使其朝农业生态化生产方向生产。第二，改变财政支农去向。从农旅融合促进农业生态效率提升的结果来看，财政支农力度对农业生态效率提升的系数为负，说明财政支农阻滞了农业生态效率提升。这是因为现行的财政支农去向以化肥农药等补贴为主，无形中鼓励了农药化肥等有害环境投入要素的使用，建议政府今后可加强对生态型农业补贴，财政支农去向以有机肥、绿色农药等为主，从源头上支持农业生态化生产。第三，完善农业生态补偿机制。加强对农业污染排放的监管和惩罚，对农业生态经营主体造成的环境污染进行责任追究的同时，加强对施用有机肥、绿色农药等农业生态化生产的补贴，纠正农业生产的外部性。

（2）加强对农民的生态化教育，树立可持续发展理念。发挥政府的引导作用，加强对农民的生态化教育，引导农民生态化生产。农业的生态化建设除了建章立制规范农业生产之外，还需从思想上引导农民生态化生产。第一，发挥媒体的宣传作用，引导农民重视生态环境问题。从思想上让农民认识到农业可持续发展的重要性，农业生产中的有害环境要素投入对环境的危害，是增强农民生态化意识的关键。第二，加强对农民的生态化教育。乡村可通过各种培训班引导农民生态化农业生产，对农民生态化生产提供技术支持，对有害环境的农业生产进行批评教育。

（3）加强生态农产品品牌创建。根据第4章机理分析，创建生态品牌可增加农旅融合的生态资本，使农业生态价值被重新定价，改善农村生态环境，促进农旅融合深入发展。农旅融合发展又让农业劳动力认识到农业生产的生态要素能创造更高的生态价值，强化了农业劳动力的生态化意识，从而有利于农业劳动力减少有害环境要素的农业生产投入，进而提升农业生态效率。

（4）推动资源减量使用和循环使用。根据第4章的农业生态效率测算模型可知，化肥农药等有害环境投入要素阻滞农业生态效率提升。生态经济规律是农业可持续发展的基础，促进农业的可持续发展依托于生态经济规律。有害环境的化肥、农药、农膜等化学制品不合理使用，以及“重使用、轻回收”的状况是造成“逆生态化”效应的重要原因，是造成生态效率损失以及影响农业生态化发展的重要因子，因此依托资源高效利用和生态循环理念，把控关键资源投入的同时，促进资源循环利用和高效利用。第一，进一步鼓励化肥农药减量使用、高效使用和环保使用。对生态化生产的农户进行激励，对违反生态化生产的农户进行相应惩罚。第二，加强多层次农业生态循环体系建设，构建科学合理的农业生态化发展的产业体系，鼓励重点业态的发展。加强对生态农业与生态旅游业融合支持力度，鼓励生态农场、生态农庄等高等级产业形态发展，推动农业生态循环和资源高效利用，削减农业投入冗余。

（5）因症施策提升农业生态效率。基于农旅融合对农业生态效率提升功效存在地区差异，各级地方政府应该因地制宜地制定相关政策措施，以便更好地发挥农旅融合对农业生态效率的提升作用。鉴于东部地区农旅融合的市场充足，居民素质较高，政府支持农旅融合发展主要体现在建章立制和执行监督职能；鉴于中部地区农旅融合的生态资源较好，但市场需求不足，政府需要充分发挥宏观调控职能，积极引导消费者需求，拓宽需求市场；在西部地区，由于自身区域条件限制，发展农旅融合的基础薄弱，农民生态化意识不足，政府不但需要从财政上对农旅融合给予大力支持，而且需要加强农业生态化教育和农业生态化管理。

（6）加强全国示范县评选支持力度。示范县评选有利于乡村振兴和农业可持续发展。全国示范县评选有效推动了各级地方政府对乡村农旅融合的重视程度和支持力度，更从实践的层面掀起了省级示范县的评选工作，有效地促进了农村产业融合和农业生态效率的提升。因此，各级地方政府今后要继续加强休闲农业和乡村旅游示范县的评选，及时总结和推广示范县的成功经验，从而有效促进农业生态效率提升。

6.2.4 农旅融合实现农民富裕的政策建议

（1）促进旅游产业与文化产业融合，驱动农旅融合提质提速发展。依赖传统的农家乐旅游很难满足消费者对高水平农旅融合的消费需求，消费者消费需求的升级引致乡村旅游的品质提升、农旅融合高水平发展。目前乡村旅游同质化竞争严重，旅游附加值提升难度较大，必须进行乡村旅游供给侧结构性改革。文化是旅游的灵魂，驱动农旅融合深入发展可以通过乡村旅游产业与文化创业产业的融合发展得以实现。旅游业依托性和关联性强，与相关产业共享资源是显著特征，与相关产业融合发展是旅游业发展的必然趋势。融合发展是两个产业的利益共享与优势互补，产业融合是多元的和交互的；文化是旅游的资源，旅游是文化产业化的渠道和媒介，旅游产品可作为文化资源的载体，将文化资源转化为经济效益和社会效益，文化传媒是旅游宣传的重要载体，文化娱乐、文化产品也是旅游产品的重要组成部分。

（2）资本下乡驱动农旅融合，促进农民富裕。根据第5章的实证模型可知，发展农旅融合能够增加农村居民资本积累，进而增加农村居民收入。因此，政府需要保护农村居民资产的合法权益，并盘活农村居民资产，进而增加农村居民资本积累。实际上，我国农村经济发展由于内生动力缺乏，资本短缺，发展农旅融合势必依靠外来资本输入。2018年中央农村工作会议明确指出“实施乡村振兴战略要鼓励引导工商资本参与农村振兴”，即鼓励资本下乡。近年来，在政府和市场共同驱动下，资本下乡成为许多地区推进农旅融合的重要方式。基层政府可通过税收优惠、政策支持等方式积极推动工商资本下乡，使其流入农旅融合的发展，与农村土地等生产要素相结合，与农村基础设施相结合，以规模化、集约化等方式参与农旅融合。

资本下乡常见于土地流转。事实上，集体经济下的分户经营容易蜕变成小农经济，而小农生产可能会带来土地碎片化、土地利用率低，很难形成规模化效应，而引导农村土地经营权有序流转和发展农旅融合，可以形成规模化，集约化效应，成功转移农村剩余劳动力，并拓宽农民增收渠道。第5章实证模型也表明土地流转能增加农村居民收入，减缓农村贫困。土地流转是提高农村现代化水平的有效方式，同时，规模化生产的高效产出和广阔的农产品市场前景为资本下乡提供了强大的内生动力。长期以来，中国农村土地资源难以流动，致使农村资源大量沉淀；与此同时，农村大量人口和资金单向流入城镇，而城镇资本却难以进入农村。这一现状，使农户无法实现其资产和资本的权能，城镇资本也难以输入农村。因此，政府应鼓励以农民公共利益为导向，以增加农村内生动力为根本，遵循“依法、自愿、有偿”原则，鼓励资本下乡参与十地流转，盘活农村耕地资本，带动农村居民富裕。

（3）打造“互联网＋农旅融合＋社会扶贫”模式。网络营销尤其是微博、微信等媒体营销方式是一种成本较低、效果较好的营销方式，第3章实证模型也表明互联网普及能促进农村产业结构优化升级。各发展农旅融合的乡村可积极发展智慧乡村游，充分依托于互联网，利用微博、微信等新媒体促进扶贫旅游产品在线宣传和销售，积极推动“互联网+农旅融合+减缓贫困”模式，充分利用旅游从业人员的社会资本大力提高社会扶贫水平，帮助深度贫困家庭脱贫。

（4）“三策并举”减缓农村贫困。鉴于农旅融合只能减缓农村收入贫困，对减缓农村多维贫困作用不显著，但参与土地流转和从事个体经营或经营私营企业对减缓农村贫困的功效显著。政府应鼓励农村居民参与土地流转，盘活农村耕地，转移剩余的劳动力，提高农业生产效率。政府还需在发展农旅融合的同时，注重产业之间的联合互动，延长农村产业链。土地流转转移的农村剩余劳动力可从事农旅融合相关产业，如经营农业特色产业店，开餐饮店等个体经营，还可以经营农产品加工等私营企业。通过发展农旅融合、自愿参与土地流转和从事其他经营三管齐下，有效减缓农村收入贫困和多维贫困，最终实现减缓农村贫困，实现农民富裕。

第7章 ◎

研究不足之处与展望

7.1 研究不足之处

本书在探究农旅融合对乡村振兴的促进作用的同时，根据乡村振兴的最终目标将乡村振兴分解分为“农业强、农村美、农民富”，考虑到数据的可获得性，有关农旅融合对“农村美”的促进作用，仅考虑了农旅融合对农村生态环境的促进作用。实际上，“农村美”不仅体现为生态环境之美，农村有效的治理及文明的乡风也展现了“农村美”，但囿于数据的可得性，没有完整地检验农旅融合对“农村美”的促进作用。此外农旅融合在促进乡村振兴的同时，乡村振兴也能促进农旅融合的深入，而本书只考虑农旅融合对乡村振兴的单向促进作用。

7.2 研究展望

本书的研究目标是从定性与定量研究的角度探究农旅融合对乡村振兴的促进机理，并将乡村振兴分解为三个维度，分别探究农旅融合对产业结构优化升级的促进机理，农旅融合对农业生态效率提升的机理和农旅融合对农民共富裕的实现机理，并针对机理和实证得出的具体结论，提出政策建议。在实证研究中，笔者深刻意识到自己还需不断学习，不断提升，以便对实际问题有更深刻的认识，更独到的见解，以丰富实证研究内容。另外，实施乡村振兴的路径较多，我们需要理性看待农旅融合对乡村振兴的促进作用，希望今后能就实施乡村振兴的路径作更深入的研究。

参考文献

[1] 黄祖辉. 准确把握中国乡村振兴战略 [J]. 中国农村经济, 2018 (04): 2—12.

[2] 喻小航. 资源环境与旅游业的核心竞争力 [J]. 经济地理, 2004 (04): 546—548.

[3] Po, W. C. & B. N. Huang. Tourism development and economic growth – a nonlinear approach [J]. Physica A: Statistical Mechanics and its Applications. 2008, 387 (22): 5535—5542.

[4] Kadiyali, V. & R. Kosová. Inter – industry employment spillovers from tourism inflows [J]. Regional Science and Urban Economics. 2013, 43 (02): 272—281.

[5] Lee, C. C. & C. P. Chang. Tourism development and economic growth: A closer look at panels [J]. Tourism management. 2008, 29 (01): 180—192.

[6] Balaguer, J. & M. Cantavella – Jorda. Tourism as a long – run economic growth factor: the Spanish case [J]. Applied economics. 2002, 34 (07): 877—884.

[7] 敖荣军, 韦燕生. 中国区域旅游发展差异影响因素研究——来自1990—2003年的经验数据检验 [J]. 财经研究, 2006 (03): 32—43.

[8] Croes, R. & S. M. Vanegas. Cointegration and causality between tourism and poverty reduction [J]. Journal of travel research. 2008, 47 (01): 94—103.

[9] Blomström, M. & A. Kokko. How foreign investment affects host countries [M]. Washington: The World Bank. 1999: 112—176.

[10] Proença, S. & E. Soukiazis. Tourism as an economic growth factor:

a case study for Southern European countries [J]. Tourism Economics. 2008, 14 (04): 791—806.

[11] Li, H., J. L. Chen & G. Li, et al. Tourism and regional income inequality: Evidence from China [J]. Annals of Tourism Research. 2016, 58 (05): 81—99.

[12] 李德明，程久苗. 乡村旅游与农村经济互动持续发展模式与对策探析 [J]. 人文地理，2005 (03): 84—87.

[13] 周玲强. 中国旅游发展笔谈——乡村旅游助推乡村振兴 [J]. 旅游学刊，2018，33 (07): 1.

[14] 韩俊. 以习近平总书记"三农"思想为根本遵循实施好乡村振兴战略 [J]. 管理世界，2018，34 (08): 1—10.

[15] 刘合光. 乡村振兴战略的关键点、发展路径与风险规避 [J]. 新疆师范大学学报 (哲学社会科学版)，2018，39 (03): 25—33.

[16] 杨玉珍，黄少安. 乡村振兴战略与我国农村发展战略的衔接及其连续性 [J]. 农业经济问题，2019 (06): 77—85.

[17] 叶兴庆. 新时代中国乡村振兴战略论纲 [J]. 改革，2018 (01): 65—73.

[18] 张军. 乡村价值定位与乡村振兴 [J]. 中国农村经济，2018 (01): 2—10.

[19] 冯海发. 推动乡村振兴应把握好的几个关系 [J]. 农业经济问题，2018 (05): 4—7.

[20] 陈文胜. "中央一号文件"的"三农"政策变迁与未来趋向 [J]. 农村经济，2017 (08): 7—13.

[21] 陈龙. 新时代中国特色乡村振兴战略探究 [J]. 西北农林科技大学学报 (社会科学版)，2018，18 (03): 55—62.

[22] 张晓山. 实施乡村振兴战略的几个抓手 [J]. 人民论坛，2017 (33): 72—74.

[23] 姜长云. 实施乡村振兴战略需努力规避几种倾向 [J]. 农业经济问题，2018 (01): 8—13.

[24] 叶敬忠，张明皓，豆书龙. 乡村振兴：谁在谈，谈什么？[J]. 中

国农业大学学报（社会科学版），2018，35（03）：5—14.

[25] 熊小林. 聚焦乡村振兴战略 探究农业农村现代化方略——“乡村振兴战略研讨会”会议综述 [J]. 中国农村经济，2018（01）：138—143.

[26] 陈秧分，王国刚，孙炜琳. 乡村振兴战略中的农业地位与农业发展 [J]. 农业经济问题，2018（01）：20—26.

[27] 陈锡文. 实施乡村振兴战略，推进农业农村现代化 [J]. 中国农业大学学报（社会科学版），2018，35（01）：5—12.

[28] 周宏春. 乡村振兴背景下的农业农村绿色发展 [J]. 环境保护，2018，46（07）：16—20.

[29] 张照新. 以乡村振兴战略引领新时代农业农村优先发展 [J]. 人民论坛·学术前沿，2018（03）：34—39，77.

[30] 刘彦随. 中国新时代城乡融合与乡村振兴 [J]. 地理学报，2018，73（04）：637—650.

[31] 王景新，支晓娟. 中国乡村振兴及其地域空间重构——特色小镇与美丽乡村同建振兴村的案例、经验及未来 [J]. 南京农业大学学报（社会科学版），2018（02）：17—26.

[32] 马历，龙花楼，戈大专等. 中国农区城乡协同发展与乡村振兴途径 [J]. 经济地理，2018，38（04）：37—44.

[33] 游上，史策. 发展民宿旅游 助力乡村振兴 [J]. 人民论坛，2018（13）：96—97.

[34] 刘楝子. 乡村振兴战略的全域旅游：一个分析框架 [J]. 改革，2017（12）：80—92.

[35] 陆林，任以胜，朱道才，等. 乡村旅游引导乡村振兴的研究框架与展望 [J]. 地理研究，2019，38（01）：102—118.

[36] 胡月，田志宏. 如何实现乡村的振兴？——基于美国乡村发展政策演变的经验借鉴 [J]. 中国农村经济，2019（03）：128—144.

[37] 张高军，易小力. 有限政府与无限政府：乡村振兴中的基层政府行为研究 [J]. 中国农村观察，2019（05）：32—52.

[38] 刘振伟. 建立稳定的乡村振兴投入增长机制 [J]. 农业经济问题，2019（05）：4—8.

[39] [日] 植草益. 信息通讯业的产业融合 [J]. 中国工业经济, 2001 (02): 24—27.

[40] 厉无畏. 产业融合与产业创新 [J]. 上海管理科学, 2002 (04): 4—6.

[41] 梁伟军. 产业融合视角下的中国农业与相关产业融合发展研究 [J]. 科学经济社会, 2011, 29 (04): 12—17.

[42] 马晓河. 推进农村一二三产业深度融合发展 [N]. 农民日报, 2015-02-10 (001).

[43] 姜长云. 推进农村一二三产业融合发展　新题应有新解法 [J]. 中国发展观察, 2015 (02): 18—22.

[44] 秦秀红. 发达国家和地区休闲农业的发展概况、类型与特点 [J]. 世界农业, 2010 (05): 54—56.

[45] Privitera, D.. Factors of development of competitiveness: the case of organic-agritourism [R]. Belgrade: 113th EAAE Seminar, 2009: 72—81.

[46] Phillip, S., C. Hunter & K. Blackstock. A typology for defining agritourism [J]. Tourism Management. 2010, 31 (06): 754—758.

[47] Fatimah, T.. The impacts of rural tourism initiatives on cultural landscape sustainability in Borobudur area [J]. Procedia Environmental Sciences. 2015, 28 (07): 567—577.

[48] Guo, Z. & L. Sun. The planning, development and management of tourism: The case of Dangjia, an ancient village in China [J]. Tourism Management. 2016, 56 (10): 52—62.

[49] Christou, P., A. Farmaki & G. Evangelou. Nurturing nostalgia?: A response from rural tourism stakeholders [J]. Tourism Management. 2018, 69 (12): 42—51.

[50] Martínez, J. M. G., J. M. M. Martín & J. A. S. Fernández, et al. An analysis of the stability of rural tourism as a desired condition for sustainable tourism [J]. Journal of Business Research. 2019, 100 (7): 165—174.

[51] 张蓓, 万俊毅, 文晓巍. 国外农业旅游的模式比较与经验借鉴 [J]. 农业经济问题, 2011, 32 (05): 100—105.

[52] 张文建，陈琳. 产业融合框架下的农业旅游新内涵与新形态 [J]. 旅游论坛，2009，2 (05)：704—708，716.

[53] 王琪延，徐玲. 基于产业关联视角的北京旅游业与农业融合研究 [J]. 旅游学刊，2013，28 (08)：102—110.

[54] 曹雯. 乡村旅游与农业现代化融合发展的路径 [J]. 农村经济，2015 (05)：61—65.

[55] 魏玲丽. 生态农业与农业生态旅游产业链建设研究 [J]. 农村经济，2015 (10)：84—88.

[56] 张英，陈俊合，熊焰. 旅游业与农业耦合关系研究及实证——以湖南省张家界市为例 [J]. 中南民族大学学报 (人文社会科学版)，2015，35 (06)：109—113.

[57] 周蕾，段龙龙，王冲. 农业与旅游产业融合发展的耦合机制——以四川省为例 [J]. 农村经济，2016 (10)：40—45.

[58] 王丽芳. 山西省农业与旅游业融合的动力机制与发展路径 [J]. 农业技术经济，2018 (04)：136—144.

[59] 袁中许. 乡村旅游业与大农业耦合的动力效应及发展趋向 [J]. 旅游学刊，2013，28 (05)：80—88.

[60] 钟真，余镇涛，白迪. 乡村振兴背景下的休闲农业和乡村旅游：外来投资重要吗？[J]. 中国农村经济，2019 (06)：76—93.

[61] 王明康，刘彦平. 休闲农业发展对城乡收入差距的非线性效应研究——基于中国 249 个县域的面板数据 [J]. 农业技术经济，2019 (01)：40—53.

[62] Kuznets, S.. Quantitative aspects of the economic growth of nations: Ⅷ. Distribution of income by size [J]. Economic development and cultural change. 1963, 11 (02): 1—80.

[63] Kaplinsky, R.. Globalisation and unequalisation: What can be learned from value chain analysis? [J]. Journal of development studies. 2000, 37 (02): 117—146.

[64] Smith, A., J. Pickles & M. Buček, et al. The political economy of global production networks: regional industrial change and differential upgrading in

the East European clothing industry [J]. Journal of Economic Geography. 2014, 14 (06) 1023—1051.

[65] Aghion, P., J. Cai & M. Dewatripont, et al. Industrial policy and competition [J]. American Economic Journal: Macroeconomics. 2015, 7 (04) 1—32.

[66] Fullerton, D. & G. Heutel. The general equilibrium incidence of environmental taxes [J]. Journal of Public Economics. 2007, 91 (3-4): 571—591.

[67] Young, A.. The tyranny of numbers: confronting the statistical realities of the East Asian growth experience [J]. The Quarterly Journal of Economics. 1995, 110 (03): 641—680.

[68] Peneder, M.. Industrial structure and aggregate growth [J]. Structural change and economic dynamics. 2003, 14 (04): 427—448.

[69] 干春晖，郑若谷，余典范. 中国产业结构变迁对经济增长和波动的影响 [J]. 经济研究，2011，46 (05): 4—16，31.

[70] 吕明元，尤萌萌. 韩国产业结构变迁对经济增长方式转型的影响——基于能耗碳排放的实证分析 [J]. 世界经济研究，2013 (07): 73—80，89.

[71] Jer, R.. What makes export manufacturers pursue functional upgrading in an emerging market? A study of Chinese technology new ventures [J]. International Business Review. 2014, 23 (4): 741—749.

[72] Mrabet, Z. C. Lanouar. Trade liberalization, technology import and skill upgrading in Tunisian manufacturing industries: A dynamic estimation [J]. African Journal of Economic and Management Studies. 2013, 4 (3): 338—357.

[73] 于斌斌. 产业结构调整与生产率提升的经济增长效应——基于中国城市动态空间面板模型的分析 [J]. 中国工业经济，2015 (12): 83—98.

[74] 颜色，郭凯明，杭静. 需求结构变迁、产业结构转型和生产率提高 [J]. 经济研究，2018，53 (12) 83—96.

[75] 易信，刘凤良. 金融发展与产业结构转型——理论及基于跨国面板数据的实证研究 [J]. 数量经济技术经济研究，2018，35 (06): 21—39.

[76] 韩永辉，黄亮雄，王贤彬. 产业政策推动地方产业结构升级了

吗？——基于发展型地方政府的理论解释与实证检验 [J]. 经济研究，2017，52 (08)：33—48.

[77] 王方方，李宁. 我国财政政策对产业结构优化的时变效应 [J]. 数量经济技术经济研究，2017，34 (11)：132—147.

[78] 彭俞超，方意. 结构性货币政策、产业结构升级与经济稳定 [J]. 经济研究，2016，51 (07)：29—42+86.

[79] Brückner, M.. Economic growth, size of the agricultural sector, and urbanization in Africa [J]. Journal of Urban Economics. 2012, 71 (01): 26—36.

[80] 孙叶飞，夏青，周敏. 新型城镇化发展与产业结构变迁的经济增长效应 [J]. 数量经济技术经济研究，2016，33 (11)：23—40.

[81] 杨钧，罗能生. 新型城镇化对农村产业结构调整的影响研究 [J]. 中国软科学，2017 (11)：165—172.

[82] 项光辉，毛其淋. 农村城镇化如何影响农业产业结构 [J]. 广东财经大学学报，2016，31 (2)：77—87.

[83] 陈银娥，陈薇. 农业机械化、产业升级与农业碳排放关系研究——基于动态面板数据模型的经验分析 [J]. 农业技术经济，2018 (05)：122—133.

[84] Ribal, J., N. Sanjuán & G. Clemente, et al. Eco-efficiency measurement in agricultural production: A case study on citrus fruits production [J]. Economía Agrariay Recursos Naturales - Agricultural and Resource Economics. 2011, 9 (02): 125—148.

[85] Beltrán Esteve, M. M.. Essays on the assessment of eco-efficiency in agriculture [D]. Alicante: Universidad de Alicante, 2012.

[86] Georgopoulou, A. A. Angelis-Dimakis & G. Arampatzis, et al. Improving the eco-efficiency of an agricultural water use system [J]. Desalination and Water Treatment. 2016, 57 (25): 11484—11493.

[87] 吴小庆，徐阳春，陆根法. 农业生态效率评价——以盆栽水稻实验为例 [J]. 生态学报，2009，29 (05)：2481—2488.

[88] 潘丹，应瑞瑶. 中国农业生态效率评价方法与实证——基于非期望

产出的 SBM 模型分析 [J]. 生态学报, 2013, 33 (12): 3837—3845.

[89] 李谷成. 中国农业的绿色生产率革命: 1978—2008 年 [J]. 经济学 (季刊), 2014, 13 (02): 537—558.

[90] 刘应元, 冯中朝, 李鹏, 等. 中国生态农业绩效评价与区域差异 [J]. 经济地理, 2014, 34 (03): 24—29.

[91] 田伟, 杨璐嘉, 姜静. 低碳视角下中国农业环境效率的测算与分析——基于非期望产出的 SBM 模型 [J]. 中国农村观察, 2014 (05): 59—71 +95.

[92] 王宝义, 张卫国. 中国农业生态效率测度及时空差异研究 [J]. 中国人口·资源与环境, 2016, 26 (06): 11—19.

[93] 侯孟阳, 姚顺波. 中国城市生态效率测定及其时空动态演变 [J]. 中国人口·资源与环境, 2018, 28 (03): 13—21.

[94] 田伟, 杨璐嘉, 杨赛鑫. 湖南武陵山片区农业技术效率的实证分析 [J]. 经济地理, 2014, 34 (05): 139—143.

[95] 洪开荣, 陈诚, 丰超, 等. 农业生态效率的时空差异及影响因素 [J]. 华南农业大学学报 (社会科学版), 2016, 15 (02): 31—41.

[96] 潘丹. 基于资源环境约束视角的中国农业绿色生产率测算及其影响因素解析 [J]. 统计与信息论坛, 2014, 29 (08): 27—33.

[97] 杜江, 王锐, 王新华. 环境全要素生产率与农业增长: 基于 DEA - GML 指数与面板 Tobit 模型的两阶段分析 [J]. 中国农村经济, 2016 (03): 65—81.

[98] 庞家幸. 中国农业生态效率研究 [D]. 兰州: 兰州大学, 2016.

[99] 王宝义, 张卫国. 中国农业生态效率的省际差异和影响因素——基于 1996 ~ 2015 年 31 个省份的面板数据分析 [J]. 中国农村经济, 2018 (01): 46—62.

[100] Lei, Z.. Can Tourism Development Reduce the Urban - rural Income Gap? An Empirical Evidence from China [J]. Tourism Tribune/Lvyou Xuekan. 2011, 26 (12): 75—89.

[101] Liu, J., P. Nijkamp & D. Lin. Urban - rural imbalance and tourism - led growth in China [J]. Annals of Tourism Research. 2017, 64 (05): 24—36.

[102] 夏赞才，龚艳青，罗文斌. 中国旅游经济增长与城乡收入差距的变异关系 [J]. 资源科学，2016，38 (04)：599—608.

[103] 李如友. 中国旅游发展与城乡收入差距关系的空间计量分析 [J]. 经济管理，2016，38 (09)：161—172.

[104] 王明康，刘彦平. 旅游发展对城乡收入差距影响的门槛效应——基于中国省域面板数据的研究 [J]. 经济问题探索，2018 (12)：30—40.

[105] Alam, M. S. & S. R. Paramati. The impact of tourism on income inequality in developing economies: Does Kuznets curve hypothesis exist? [J]. Annals of Tourism Research. 2016, 61 (11): 111—126.

[106] Raza, S. A. & N. Shah. Tourism growth and income inequality: does Kuznets Curve hypothesis exist in top tourist arrival countries [J]. Asia Pacific Journal of Tourism Research. 2017, 22 (08): 874—884.

[107] Li, H. , J. L. Chen & G. Li, et al. Tourism and regional income inequality: Evidence from China [J]. Annals of Tourism Research. 2016, 58 (05): 81—99.

[108] Deller, S. . Rural poverty, tourism and spatial heterogeneity [J]. Annals of Tourism Research. 2010, 37 (01): 180—205.

[109] Weber, B. , L. Jensen & K. Miller, et al. A critical review of rural poverty literature: Is there truly a rural effect? [J]. International Regional Science Review. 2005, 28 (04): 381—414.

[110] Lee, S. . Income inequality in tourism services – dependent counties [J]. Current Issues in Tourism. 2009, 12 (01): 33—45.

[111] 戴平生，王冲. 入境旅游是否改善区域收入的不平等? [J]. 旅游学刊，2018，33 (07)：18—27.

[112] Mahadevan, R. & S. Suardi. Panel evidence on the impact of tourism growth on poverty, poverty gap and income inequality [J]. Current Issues in Tourism. 2019, 22 (03): 253—264.

[113] Peters, M. . International Tourism: The Economics and Development of the International Tourist Trade [M]. London: Hutchinson Radius, 1969: 1—12.

[114] Kadt, E. D. & E. Jehuda. Tourism: Passport to Development?: Perspectives on the Social and Cultural Effects of Tourism in Developing Countries [M]. Oxford: Oxford University Press, 1979: 34—39.

[115] Ashley, C. & J. Mitchell. Tourism and poverty reduction: Pathways to prosperity [M]. London: Routledge press, 2009: 21—24.

[116] Gunduz, L. & A. Hatemi - J. Is the tourism - led growth hypothesis valid for Turkey? [J]. Applied Economics Letters. 2005, 12 (08): 499—504.

[117] Croes, R.. The role of tourism in poverty reduction: an empirical assessment [J]. Tourism Economics. 2014, 20 (02): 207—226.

[118] Ekanayake, E. M. & A. E. Long. Tourism development and economic growth in developing countries [J]. The International Journal of Business and Finance Research. 2012, 6 (01): 61—63.

[119] Zhao, W. & J. R. B. Ritchie. Tourism and Poverty Alleviation: An Integrative Research Framework [J]. Current Issues in Tourism. 2007, 10 (02): 119—143.

[120] Ashley, C., C. Boyd & H. Goodwin. Pro - Poor Tourism: Putting Poverty at the Heart of the Tourism Agenda [R]. London: Overseas Development Institute (ODI), 2000: 1—6.

[121] Pulido - Fernandez, J. I., P. J. Cárdenas - García & M. Sanchez - Rivero. Tourism as a tool for economic development in poor countries [J]. Turizam: međunarodni znanstveno - stručni časopis. 2014, 62 (03): 309—322.

[122] Cárdenas - García, P. J., M. Sánchez - Rivero & J. I. Pulido - Fernández. Does tourism growth influence economic development? [J]. Journal of Travel Research. 2015, 54 (02): 206—221.

[123] Vanegas, M.. The triangle of poverty, economic growth, and inequality in Central America: does tourism matter? [J]. Worldwide Hospitality and Tourism Themes. 2014, 6 (03): 277—292.

[124] Sharpley, R.. Tourism and development challenges in the least developed countries: The case of The Gambia [J]. Current Issues in Tourism. 2009, 12 (04): 337—358.

[125] Ferguson, L.. Interrogating "gender" in development policy and practice: The World Bank, tourism and microenterprise in Honduras [J]. International Feminist Journal of Politics. 2010, 12 (01): 3—24.

[126] Ashley, C.. Luang Prabang Tourism and Opportunities for the Poor [R]. London: Pro - Poor Sustainable Tourism, 2006: 17—28.

[127] 李国平. 基于政策实践的广东立体化旅游扶贫模式探析 [J]. 旅游学刊, 2004 (05): 56—60.

[128] 饶勇, 黄福才, 魏敏. 旅游扶贫、社区参与和习俗惯例的变迁——博弈论视角下的可持续旅游扶贫模式研究 [J]. 社会科学家, 2008 (03): 88—92, 96.

[129] 张伟, 张建春, 魏鸿雁. 基于贫困人口发展的旅游扶贫效应评估——以安徽省铜锣寨风景区为例 [J]. 旅游学刊, 2005 (05): 43—49.

[130] 李佳, 成升魁, 马金刚等. 基于县域要素的三江源地区旅游扶贫模式探讨 [J]. 资源科学, 2009, 31 (11): 1818—1824.

[131] 王英, 单德朋, 郑长德. 旅游需求波动、风险管理与非线性减贫效应研究 [J]. 中国人口·资源与环境, 2016, 26 (06): 160—168.

[132] 赵磊, 张晨. 旅游业与贫困减缓: 基于国外经济学文献的述评 [J]. 旅游科学, 2018, 32 (04): 31—46.

[133] 何静, 汪侠, 刘丹丽, 等. 国家级贫困县旅游发展与多维贫困的脱钩关系研究——以西南地区为例 [J]. 地理研究, 2019, 38 (05): 1189—1207.

[134] Sachs, J. D. & A. M. Warner. Natural resource abundance and economic growth [R]. America: National Bureau of Economic Research, 1995: 71—79.

[135] Gylfason, T.. Natural resources, education, and economic development [J]. European economic review. 2001, 45 (4—6): 847—859.

[136] Gylfason, T., T. T. Herbertsson & G. Zoega. A mixed blessing: natural resources and economic growth [J]. Macroeconomic dynamics. 1999, 3 (02): 204—225.

[137] Papyrakis, E. & R. Gerlagh. The resource curse hypothesis and its

transmission channels [J]. Journal of Comparative Economics. 2004, 32 (01): 181—193.

[138] Papyrakis, E. & R. Gerlagh. Resource abundance and economic growth in the United States [J]. European Economic Review. 2007, 51 (04): 1011—1039.

[139] 邵帅，齐中英. 西部地区的能源开发与经济增长——基于“资源诅咒”假说的实证分析 [J]. 经济研究，2008 (04): 147—160.

[140] 邵帅，杨莉莉. 自然资源丰裕、资源产业依赖与中国区域经济增长 [J]. 管理世界，2010 (09): 26—44.

[141] 李江龙，徐斌. “诅咒”还是“福音”: 资源丰裕程度如何影响中国绿色经济增长? [J]. 经济研究，2018，53 (09): 151—167.

[142] 熊彼特. 经济发展理论 [M]. 何畏，易家详，等，译. 北京: 中国商业出版社，2009: 78—152.

[143] Schumpeter, J.. The theory of economic development [M]. Cambridge: Harvard University Press, 1921: 162—198.

[144] Pavitt, K.. Sectoral patterns of technical change: towards a taxonomy and a theory [J]. Research policy. 1984, 13 (6): 343—373.

[145] 龚轶，王铮，顾高翔. 技术创新与产业结构优化——一个基于自主体的模拟 [J]. 科研管理，2015，36 (08): 44—51.

[146] 陶长琪，周璇. 要素集聚下技术创新与产业结构优化升级的非线性和溢出效应研究 [J]. 当代财经，2016 (01): 83—94.

[147] 易信，刘凤良. 金融发展、技术创新与产业结构转型——多部门内生增长理论分析框架 [J]. 管理世界，2015 (10): 24—39，90.

[148] 孔祥才，王桂霞. 农业供给侧改革背景下中国农业污染的治理路径 [J]. 云南社会科学，2017 (06): 53—57，103，185.

[149] 查建平. 中国低碳旅游发展效率、减排潜力及减排路径 [J]. 旅游学刊，2016，31 (09): 101—112.

[150] 谢雨萍. 论生态旅游的可持续发展——兼谈生态旅游开发中的外部不经济性 [J]. 桂林旅游高等专科学校学报，2003 (06): 47—50，56.

[151] 喻小航. 旅游业与服务业的分界——论旅游业的独立地位 [J].

西南师范大学学报（人文社会科学版），2003（03）：98—102.

［152］Pearce，D. W. & R. K. Turner. Economics of natural resources and the environment［M］. Baltimore：JHU Press，1990：56—70.

［153］Costanza，R.，S. C. Farber & J. Maxwell. Valuation and management of wetland ecosystems［J］. Ecological economics. 1989，1（04）：335—361.

［154］周芳，邹冬生. 生态经济核心概念与基本理念、运行规则刍议［J］. 湖南农业大学学报（社会科学版），2016，17（01）：100—102.

［155］陆学，陈兴鹏. 循环经济理论研究综述［J］. 中国人口·资源与环境，2014，24（S2）：204—208.

［156］曹俊杰. 山东省几种现代生态农业模式的特征及其功效分析［J］. 中国软科学，2010（12）：107—114.

［157］吴洪涛，武春友. 中国生态农业模式在推广阶段的问题与对策［J］. 经济问题，2008（10）：76—78.

［158］黄炜虹，齐振宏，邬兰娅等. 农户对生态农业模式的偏好与额外投入水平研究——基于重庆市 358 户农户调查数据［J］. 农业技术经济，2016（11）：34—43.

［159］王肖芳. 基于因子分析——BP 神经网络的河南省生态农业效益评价［J］. 经济经纬，2015，32（04）：37—42.

［160］Stigson，B.. A road to sustainable industry：How to promote resource efficiency in companies［R］. Dusseldor：World Business Council for Sustainable Development（WBCSD），2001：36—49.

［161］林懿. 乡村旅游扶贫的风险性及对策研究［D］. 贵阳：贵州大学，2008.

［162］张文建. 农业旅游：产业融合与城乡互动［J］. 旅游学刊，2011，26（10）：11—12.

［163］赵霞，韩一军，姜楠. 农村三产融合：内涵界定、现实意义及驱动因素分析［J］. 农业经济问题，2017，38（04）：49—57，111.

［164］李瑾，李树德. 天津都市型生态农业可持续发展综合评价研究［J］. 农业技术经济，2003（05）：57—60.

［165］吴必虎，余青. 中国民族文化旅游开发研究综述［J］. 民族研

究，2000（04）：85—94，110.

[166] 侯兵，周晓倩. 长三角地区文化产业与旅游产业融合态势测度与评价[J]. 经济地理，2015，35（11）：211—217.

[167] Bretz，E. A.. Clean coal technologies：A status report [J]. Electrical World. 1992（02）：37—42.

[168] Lewis，W. A.. Economic development with unlimited supplies of labour [J]. The manchester school. 1954，22（02）：139—191.

[169] Baumol，W. J.，Macroeconomics of unbalanced growth：the anatomy of urban crisis [J]. The American economic review. 1967，57（03）：415—426.

[170] Matsuyama K.. Agricultural productivity，comparative advantage，and economic growth [J]. Journal of economic theory. 1992，58（02）：317—334.

[171] 汪伟，刘玉飞，彭冬冬. 人口老龄化的产业结构升级效应研究[J]. 中国工业经济，2015（11）：47—61.

[172] 刘伟，张辉. 中国经济增长中的产业结构变迁和技术进步[J]. 经济研究，2008，43（11）：4—15.

[173] 吴万宗，刘玉博，徐琳. 产业结构变迁与收入不平等——来自中国的微观证据[J]. 管理世界，2018，34（02）：22—33.

[174] 贺小荣，胡强盛. 湖南省旅游产业集群与区域经济的互动机制[J]. 经济地理，2018，38（07）：209—216.

[175] 孟广文，G. Hans. “二战”以来联邦德国乡村地区的发展与演变[J]. 地理学报，2011，66（12）：1644—1656.

[176] 王铁，邰鹏飞. 山东省国家级乡村旅游地空间分异特征及影响因素[J]. 经济地理，2016，36（11）：161—168.

[177] Hwang，J. H. & S. W. Lee. The effect of the rural tourism policy on non-farm income in South Korea [J]. Tourism management. 2015，46（3）：501—513.

[178] 杨公朴，夏大慰，龚仰军. 产业经济学教程[M]. 上海：上海财经大学出版社，2008：151—213.

[179] 赵勇，魏后凯. 政府干预、城市群空间功能分工与地区差距——兼论中国区域政策的有效性[J]. 管理世界，2015（08）：14—29，187.

[180] 李虹，邹庆．环境规制、资源禀赋与城市产业转型研究——基于资源型城市与非资源型城市的对比分析 [J]．经济研究，2018，53 (11)：182—198.

[181] 张军，吴桂英，张吉鹏．中国省际物质资本存量估算：1952—2000 [J]．经济研究，2004 (10)：35—44.

[182] 余泳泽，潘妍．中国经济高速增长与服务业结构升级滞后并存之谜——基于地方经济增长目标约束视角的解释 [J]．经济研究，2019，54 (03)：150—165.

[183] Sampler, J. L.. Redefining industry structure for the information age [J]. Strategic Management Journal. 1998, 19 (04): 343—355.

[184] Dedrick, J. & K. L. Kraemer. The impacts of IT on firm and industry structure: The personal computer industry [J]. California Management Review. 2005, 47 (03): 122—142.

[185] Wigand, R. T., C. W. Steinfield & M. L. Markus. Information technology standards choices and industry structure outcomes: The case of the US home mortgage industry [J]. Journal of Management Information Systems. 2005, 22 (02): 165—191.

[186] 蔡海亚，徐盈之．贸易开放是否影响了中国产业结构升级？[J]．数量经济技术经济研究，2017，34 (10)：3—22

[187] 温忠麟．张雷，侯杰泰等．中介效应检验程序及其应用 [J]．心理学报，2004 (05)：614—620.

[188] 王莹，许晓晓．社区视角下乡村旅游发展的影响因子——基于杭州的调研 [J]．经济地理，2015，35 (03)：203—208.

[189] 胡文海，柳百萍．基于“三农旅游”发展的农业剩余劳动力有效转移——以合肥市为例 [J]．农业经济问题，2009，30 (08)：84—86.

[190] 贺爱琳，杨新军，陈佳等．乡村旅游发展对农户生计的影响——以秦岭北麓乡村旅游地为例 [J]．经济地理，2014，34 (12)：174—181.

[191] 柳百萍，胡文海，尹长丰等．有效与困境：乡村旅游促进农村劳动力转移就业辨析 [J]．农业经济问题，2014，35 (05)：81—86，112.

[192] 常向阳，韩园园．农业技术扩散动力及渠道运行对农业生产效率

的影响研究——以河南省小麦种植区为例［J］. 中国农村观察，2014（04）：63—70，96.

［193］胡平波. 支持合作社生态化建设的区域生态农业创新体系构建研究［J］. 农业经济问题，2018（12）：94—106.

［194］Hunter，C.. Sustainable tourism as an adaptive paradigm［J］. Annals of tourism research. 1997，24（04）：850—867.

［195］李静，闵庆文，吴华武. 安吉生态环境保护与建设实践及其启示［J］. 中国人口·资源与环境，2014，24（S2）：151—154.

［196］李玉恒，刘彦随. 中国城乡发展转型中资源与环境问题解析［J］. 经济地理，2013，33（01）：61—65.

［197］姚亦锋. 江苏省地理景观与美丽乡村建构研究［J］. 人文地理，2015，30（04）：108—115.

［198］Charnes，A.，W. W. Cooper & E. Rhodes. Measuring the efficiency of decision making units［J］. European journal of operational research. 1978，2（06）：429—444.

［199］Banker，R. D.，A. Charnes & W. W. Cooper. Some models for estimating technical and scale inefficiencies in data envelopment analysis［J］. Management science. 1984，30（09）：1078—1092.

［200］Tone，K. A.. slacks - based measure of efficiency in data envelopment analysis［J］. European journal of operational research. 2001，130（03）：498—509.

［201］Tone，K.. A strange case of the cost and allocative efficiencies in DEA［J］. Journal of the Operational Research Society. 2002，53（11）：1225—1231.

［202］Tone，K. & B. K. Sahoo. Scale，indivisibilities and production function in data envelopment analysis［J］. International Journal of Production Economics. 2003，84（02）：165—192.

［203］叶初升，惠利. 农业生产污染对经济增长绩效的影响程度研究——基于环境全要素生产率的分析［J］. 中国人口·资源与环境，2016，26（04）：116—125.

［204］彭念一，吕忠伟. 农业可持续发展与生态环境评估指标体系及测

算研究 [J]. 数量经济技术经济研究，2003 (12)：87—90.

[205] González, A., T. Terasvirta & D. V. Dijk. Panel Smooth Transition Regression Models [R]. Stockholm: Stockholm School of Economics, 2005: 136—157.

[206] Gollin, D., S. Parente & R. Rogerson. The role of agriculture in development [J]. American economic review. 2002, 92 (02): 160—164.

[207] Yang, D. T. & X. Zhu. Modernization of agriculture and long - term growth [J]. Journal of Monetary Economics. 2013, 60 (03): 367—382.

[208] Song, Z., K. Storesletten & F. Zilibotti. Growing like china [J]. American economic review. 2011. 101 (01): 196—233.

[209] 程名望，史清华，Jin Y.. 农户收入水平、结构及其影响因素——基于全国农村固定观察点微观数据的实证分析 [J]. 数量经济技术经济研究，2014，31 (05)：3—19.

[210] 张红宇. 新常态下的农民收入问题 [J]. 农业经济问题，2015，36 (05)：4—11.

[211] 温忠麟，叶宝娟. 中介效应分析：方法和模型发展 [J]. 心理科学进展，2014，22 (05)：731—745.

[212] Sen, A.. Poverty: an ordinal approach to measurement [J]. Econometrica: Journal of the Econometric Society. 1976, 131 (03): 219—231.

[213] Sen, A. A decade of human development [J]. Journal of human development. 2000, 1 (01): 17—23.

[214] Alkire, S. & M. E. Santos. Measuring acute poverty in the developing world: Robustness and scope of the multidimensional poverty index [J]. World Development. 2014, 59 (02): 251—274.

[215] 生延超，钟志平. 旅游产业与区域经济的耦合协调度研究——以湖南省为例 [J]. 旅游学刊，2009，24 (08)：23—29.

[216] 李增福，刘笑明. 旅游消费市场中信誉机制建立的困境及政府职能的定位 [J]. 旅游学刊，2004 (03)：10—13.

[217] Foster, J., J. Greer & E. Thorbecke. A class of decomposable poverty measures [J]. Econometrica: journal of the econometric society. 1984, 17

(03): 761—766.

[218] Foster, J., J. Greer & E. Thorbecke. The Foster – Greer – Thorbecke (FGT) poverty measures: 25 years later [J]. The Journal of Economic Inequality. 2010, 8 (04): 491—524.

[219] Alkire, S. & J. Foster. Counting and multidimensional poverty measurement [J]. Journal of public economics. 2011, 95 (7—8): 476—487.

[220] Bowen, H. P.. Testing moderating hypotheses in limited dependent variable and other nonlinear models: Secondary versus total interactions [J]. Journal of Management. 2012, 38 (03): 860—889.

[221] Wooldridge, J. M.. Introductory econometrics: A modern approach [M]. Nelson: Nelson Education, 2015: 484—512.

[222] 侯亚景. 中国农村长期多维贫困的测量、分解与影响因素分析 [J]. 统计研究, 2017, 34 (11): 86—97.

附　录

2016 年各地区农业生态效率

地区	UCS	UVS	ECS	EVS
石家庄市	0. 2609	0. 4717	0. 3543	0. 5668
唐山市	0. 3646	0. 7341	0. 4756	0. 7863
秦皇岛市	0. 3086	0. 3443	0. 4152	0. 4679
邯郸市	0. 2147	0. 3639	0. 2944	0. 4589
邢台市	0. 1700	0. 1909	0. 2348	0. 2623
保定市	0. 2091	0. 4342	0. 2828	0. 5162
张家口市	0. 3360	0. 3798	0. 4020	0. 4675
承德市	0. 3752	0. 4764	0. 4500	0. 5873
沧州市	0. 1969	0. 2217	0. 2711	0. 2994
廊坊市	0. 2877	0. 3165	0. 3716	0. 4162
衡水市	0. 1916	0. 1918	0. 2655	0. 2655
南京市	1. 1127	1. 1647	1. 1495	1. 3208
无锡市	1. 0314	1. 0316	1. 0314	1. 0316
徐州市	0. 4117	1. 1528	0. 5425	1. 3580
常州市	0. 6851	0. 6889	0. 7797	0. 7809
苏州市	0. 7257	0. 7262	0. 8376	0. 8427
南通市	0. 3493	0. 4452	0. 4643	0. 5511
连云港市	0. 2770	0. 3071	0. 3832	0. 4172
淮安市	0. 3154	0. 5016	0. 4250	0. 6087
盐城市	0. 3106	1. 0043	0. 4242	1. 0043
扬州市	0. 4011	0. 4015	0. 5378	0. 5378
镇江市	0. 5753	0. 5761	0. 6670	0. 6721
泰州市	0. 4025	0. 4025	0. 5189	0. 5189
宿迁市	0. 2671	0. 3327	0. 3668	0. 4437

续表

地区	UCS	UVS	ECS	EVS
杭州市	0. 6966	1. 0617	0. 7221	1. 0701
宁波市	0. 4952	0. 5215	0. 5787	0. 6292
嘉兴市	0. 3555	0. 3675	0. 4571	0. 4794
湖州市	0. 4202	0. 4300	0. 5022	0. 5062
绍兴市	0. 4305	0. 4798	0. 5166	0. 5916
舟山市	0. 3236	0. 3871	0. 3616	0. 4162
温州市	0. 2063	0. 2379	0. 2653	0. 3129
金华市	0. 2790	0. 3352	0. 3497	0. 4323
衢州市	0. 1962	0. 2071	0. 2585	0. 2740
台州市	0. 3203	0. 3773	0. 3895	0. 4745
丽水市	0. 3333	0. 3696	0. 4093	0. 4617
济南市	0. 3639	0. 5891	0. 4605	0. 6782
青岛市	0. 2454	0. 3615	0. 3258	0. 4580
淄博市	0. 3648	0. 4251	0. 4432	0. 5287
枣庄市	0. 2551	0. 3194	0. 3443	0. 4362
东营市	0. 2099	0. 2109	0. 2875	0. 2905
烟台市	0. 3059	1. 0278	0. 4060	1. 0296
潍坊市	0. 2471	0. 5742	0. 3314	0. 6492
济宁市	0. 3062	0. 7720	0. 3970	0. 7854
泰安市	0. 2720	0. 3114	0. 3550	0. 4137
威海市	0. 2415	0. 2540	0. 3214	0. 3413
日照市	0. 2037	0. 2462	0. 2699	0. 3326
莱芜市	0. 3388	0. 3388	0. 4190	0. 4238
临沂市	0. 2121	0. 4823	0. 2809	0. 5633
德州市	0. 1973	0. 3205	0. 2654	0. 4005
聊城市	0. 2219	0. 4653	0. 2966	0. 5445
滨州市	0. 2248	0. 2459	0. 3015	0. 3342
菏泽市	0. 1300	0. 1929	0. 1821	0. 2637
广州市	0. 5606	1. 0595	0. 6662	1. 0854
珠海市	0. 4078	0. 5372	0. 5164	0. 6581
汕头市	0. 7981	0. 8334	0. 8528	0. 8781
佛山市	0. 5576	0. 6415	0. 6421	0. 7527

续表

地区	UCS	UVS	ECS	EVS
韶关市	0. 3329	0. 4385	0. 4227	0. 5671
河源市	0. 2559	0. 2954	0. 3351	0. 3896
梅州市	0. 4219	0. 6468	0. 5509	0. 7721
惠州市	0. 4767	0. 7674	0. 5776	0. 8082
汕尾市	1. 0488	1. 0493	1. 0488	1. 0493
东莞市	1. 1707	1. 2094	1. 1184	1. 1412
中山市	0. 2439	0. 2588	0. 3164	0. 3164
江门市	0. 3391	0. 3427	0. 4798	0. 4804
阳江市	0. 3134	0. 3357	0. 4314	0. 4645
湛江市	0. 2879	1. 0161	0. 3945	1. 0161
茂名市	0. 4101	1. 0449	0. 5526	1. 0577
肇庆市	0. 3474	0. 5176	0. 4629	0. 6702
清远市	0. 3303	0. 5095	0. 4423	0. 6299
潮州市	0. 3433	0. 3439	0. 4535	0. 4535
揭阳市	1. 0553	1. 1424	1. 0553	1. 1424
云浮市	0. 2646	0. 3067	0. 3579	0. 4174
海口市	0. 2600	0. 2752	0. 3410	0. 3410
三亚市	1. 2611	1. 2820	1. 3017	1. 3050
儋州市	0. 3240	0. 3448	0. 4205	0. 4205
太原市	0. 2941	0. 3091	0. 3764	0. 3764
大同市	0. 1157	0. 1196	0. 1642	0. 1642
阳泉市	0. 1114	0. 1753	0. 1559	0. 1681
长治市	0. 1136	0. 1158	0. 1613	0. 1645
晋城市	0. 1124	0. 1201	0. 1596	0. 1596
朔州市	0. 1505	0. 1531	0. 2110	0. 2110
晋中市	0. 2262	0. 2570	0. 3016	0. 3456
运城市	0. 2176	0. 3065	0. 2926	0. 4071
忻州市	0. 0805	0. 0819	0. 1160	0. 1160
临汾市	0. 1295	0. 1444	0. 1812	0. 2032
吕梁市	0. 0946	0. 0977	0. 1336	0. 1336
合肥市	0. 1691	0. 1915	0. 2326	0. 2660
淮北市	0. 0785	0. 0791	0. 1118	0. 1118

续表

地区	UCS	UVS	ECS	EVS
亳州市	0. 1630	0. 2073	0. 2250	0. 2889
宿州市	0. 1273	0. 1539	0. 1764	0. 2153
蚌埠市	0. 1219	0. 1514	0. 1726	0. 2156
阜阳市	0. 1245	0. 1783	0. 1723	0. 2462
淮南市	0. 0839	0. 0879	0. 1219	0. 1278
滁州市	0. 0985	0. 1082	0. 1406	0. 1552
六安市	0. 1058	0. 1183	0. 1468	0. 1653
马鞍山市	0. 1652	0. 1684	0. 2259	0. 2306
芜湖市	0. 1506	0. 1704	0. 2116	0. 2406
宣城市	0. 1448	0. 1600	0. 1995	0. 2216
铜陵市	0. 0948	0. 1042	0. 1341	0. 1341
池州市	0. 1174	0. 1212	0. 1628	0. 1628
安庆市	0. 1267	0. 1540	0. 1765	0. 2159
黄山市	0. 1913	0. 1976	0. 2493	0. 2493
南昌市	0. 1767	0. 1848	0. 2437	0. 2565
景德镇市	0. 2349	0. 2423	0. 3071	0. 3071
萍乡市	0. 1804	0. 1916	0. 2451	0. 2451
九江市	0. 1464	0. 1549	0. 2027	0. 2158
新余市	0. 2576	0. 2726	0. 3480	0. 3480
鹰潭市	0. 2070	0. 2278	0. 2813	0. 2813
赣州市	0. 2805	0. 4317	0. 3801	0. 5354
吉安市	0. 1760	0. 1819	0. 2399	0. 2503
宜春市	0. 1806	0. 1917	0. 2464	0. 2642
抚州市	0. 4182	0. 5231	0. 5338	0. 6301
上饶市	0. 1567	0. 1701	0. 2121	0. 2325
郑州市	0. 1426	0. 1850	0. 1987	0. 2595
开封市	0. 1908	0. 3012	0. 2583	0. 3981
洛阳市	0. 1582	0. 2124	0. 2151	0. 2923
平顶山市	0. 1011	0. 1398	0. 1455	0. 2024
安阳市	0. 1485	0. 2049	0. 2101	0. 2920
鹤壁市	0. 0950	0. 0987	0. 1350	0. 1350
新乡市	0. 1090	0. 1444	0. 1571	0. 2091

续表

地区	UCS	UVS	ECS	EVS
焦作市	0. 1839	0. 2422	0. 2554	0. 3387
濮阳市	0. 1408	0. 1879	0. 1977	0. 2657
许昌市	0. 1118	0. 1466	0. 1592	0. 2098
漯河市	0. 1229	0. 1483	0. 1735	0. 2102
三门峡市	0. 3497	0. 4714	0. 4402	0. 5985
南阳市	0. 1240	0. 2897	0. 1751	0. 3775
商丘市	0. 1440	0. 2964	0. 2046	0. 3992
信阳市	0. 1984	0. 4566	0. 2706	0. 5547
周口市	0. 1449	0. 3362	0. 2037	0. 4335
驻马店市	0. 1117	0. 2111	0. 1586	0. 2865
武汉市	0. 6710	1. 0359	0. 7768	1. 0590
黄石市	0. 2213	0. 2261	0. 3017	0. 3017
十堰市	0. 2595	0. 2862	0. 3470	0. 3867
宜昌市	0. 2415	0. 2935	0. 3481	0. 4010
襄阳市	0. 3191	0. 3361	0. 4454	0. 4648
鄂州市	0. 0559	0. 0687	0. 0836	0. 0836
荆门市	1. 0546	1. 0741	1. 0546	1. 0857
孝感市	0. 1834	0. 1839	0. 2616	0. 2616
荆州市	0. 2687	0. 2688	0. 3631	0. 3663
黄冈市	0. 1956	0. 2287	0. 2726	0. 3215
咸宁市	0. 2658	0. 2776	0. 3555	0. 3749
随州市	0. 2127	0. 2212	0. 2986	0. 3120
恩施州	0. 1276	0. 1444	0. 1831	0. 2080
长沙市	0. 3447	0. 5495	0. 4264	0. 6210
株洲市	0. 2182	0. 2368	0. 2862	0. 3144
湘潭市	0. 2025	0. 2143	0. 2720	0. 2901
衡阳市	0. 2266	0. 3675	0. 2961	0. 4566
邵阳市	0. 1844	0. 2421	0. 2450	0. 3266
岳阳市	0. 2042	0. 2136	0. 2753	0. 2916
常德市	0. 1846	0. 2029	0. 2535	0. 2798
张家界市	0. 1362	0. 1404	0. 1874	0. 1874
益阳市	0. 1833	0. 2106	0. 2493	0. 2897

续表

地区	UCS	UVS	ECS	EVS
郴州市	0.1903	0.2304	0.2583	0.3161
永州市	0.2035	0.2338	0.2718	0.3167
怀化市	0.2258	0.2678	0.2822	0.3416
娄底市	0.2207	0.2719	0.2796	0.3497
湘西州	0.1696	0.1856	0.2244	0.2473
呼和浩特市	0.1413	0.1413	0.2015	0.2016
包头市	0.1787	0.1789	0.2594	0.2595
呼伦贝尔市	0.1557	0.1962	0.2259	0.2761
兴安盟	0.1053	0.1062	0.1550	0.1550
通辽市	0.1332	0.1336	0.1939	0.1939
赤峰市	0.1607	0.1823	0.2244	0.2567
锡林郭勒盟	0.2881	0.2881	0.3774	0.3774
乌兰察布市	0.1662	0.1749	0.2251	0.2382
鄂尔多斯市	0.1729	0.1782	0.2423	0.2425
巴彦淖尔市	0.1232	0.1253	0.1770	0.1770
乌海市	0.2567	1.2380	0.3567	1.2380
阿拉善盟	0.1450	0.2054	0.2064	0.2422
南宁市	0.1381	0.1973	0.1970	0.2831
柳州市	0.1412	0.1764	0.1993	0.2500
桂林市	0.1765	0.2361	0.2384	0.3230
梧州市	0.1532	0.1635	0.2065	0.2208
北海市	0.1402	0.1478	0.1992	0.1992
防城港市	0.1250	0.1433	0.1804	0.1822
钦州市	0.1326	0.1802	0.1902	0.2579
贵港市	0.0911	0.1019	0.1305	0.1463
玉林市	0.1331	0.1702	0.1839	0.2368
百色市	0.1241	0.1556	0.1706	0.2151
贺州市	0.1561	0.1587	0.2112	0.2148
河池市	0.0819	0.0879	0.1166	0.1253
来宾市	0.1085	0.1267	0.1573	0.1840
崇左市	0.1246	0.1863	0.1795	0.2617
成都市	0.4656	1.0516	0.5449	1.0552

续表

地区	UCS	UVS	ECS	EVS
自贡市	0. 2425	0. 2833	0. 3243	0. 3816
攀枝花市	0. 2316	0. 2466	0. 3065	0. 3065
泸州市	0. 2208	0. 2648	0. 2878	0. 3497
德阳市	0. 2397	0. 2781	0. 3297	0. 3857
绵阳市	0. 2491	0. 2855	0. 3351	0. 3889
广元市	0. 1436	0. 1629	0. 1977	0. 2253
遂宁市	0. 2411	0. 2872	0. 3313	0. 3973
内江市	0. 3217	0. 3651	0. 4245	0. 4877
乐山市	0. 2002	0. 2173	0. 2668	0. 2920
南充市	0. 2445	0. 3002	0. 3285	0. 4086
眉山市	0. 1858	0. 2076	0. 2550	0. 2870
宜宾市	0. 2701	0. 3129	0. 3260	0. 3867
广安市	0. 2125	0. 2797	0. 2769	0. 3692
达州市	0. 2414	0. 3556	0. 3190	0. 4773
雅安市	0. 2170	0. 2259	0. 2811	0. 2934
巴中市	0. 1151	0. 1233	0. 1635	0. 1755
资阳市	0. 2449	0. 2773	0. 3011	0. 3383
阿坝藏族羌族自治州	0. 1633	0. 1937	0. 2122	0. 2195
甘孜藏族自治州	1. 0180	1. 1068	1. 0180	1. 0570
凉山彝族自治州	0. 2603	0. 3491	0. 3232	0. 4437
贵阳市	0. 1963	0. 2291	0. 2523	0. 2965
六盘水市	0. 1461	0. 1637	0. 1957	0. 2200
遵义市	0. 1275	0. 1776	0. 1734	0. 2442
安顺市	0. 1277	0. 1365	0. 1722	0. 1843
毕节市	0. 1179	0. 1729	0. 1610	0. 2386
铜仁市	0. 1276	0. 1644	0. 1720	0. 2235
黔西南州	0. 1531	0. 1925	0. 1993	0. 2531
黔东南州	0. 1125	0. 1305	0. 1502	0. 1751
黔南州	0. 1166	0. 1489	0. 1592	0. 2045
昆明市	0. 6159	1. 0071	0. 7450	1. 0071
曲靖市	0. 2864	0. 4399	0. 4044	0. 6003
玉溪市	1. 0340	1. 0546	1. 0340	1. 0674

续表

地区	UCS	UVS	ECS	EVS
保山市	0. 3920	0. 5023	0. 5160	0. 6163
昭通市	0. 2000	0. 2693	0. 2783	0. 3743
丽江市	0. 2334	0. 2443	0. 3345	0. 3445
普洱市	0. 4203	0. 6476	0. 5445	0. 7487
临沧市	0. 3910	0. 5036	0. 5272	0. 6470
楚雄州	0. 5540	0. 6805	0. 6907	0. 8111
红河州	0. 2820	0. 3953	0. 3988	0. 5249
文山州	0. 2388	0. 3174	0. 3339	0. 4446
西双版纳州	1. 1135	1. 1385	1. 1135	1. 1385
大理州	0. 8167	1. 0872	0. 8804	1. 1853
德宏州	0. 4077	0. 4242	0. 5371	0. 5525
怒江州	0. 2738	0. 3863	0. 3580	0. 4418
迪庆州	0. 1894	0. 2917	0. 2679	0. 3925
西安市	0. 2506	0. 3428	0. 3392	0. 4696
铜川市	0. 2101	0. 2409	0. 2967	0. 2967
宝鸡市	0. 2159	0. 2501	0. 3039	0. 3542
咸阳市	0. 3773	1. 0159	0. 5150	1. 0227
渭南市	0. 1816	0. 2116	0. 2618	0. 3065
延安市	0. 3015	1. 0020	0. 4074	1. 0020
汉中市	0. 2913	0. 4056	0. 3744	0. 5305
榆林市	0. 1778	0. 2195	0. 2395	0. 2984
安康市	0. 1510	0. 2217	0. 2067	0. 3007
商洛市	0. 3160	0. 4292	0. 4023	0. 5395
兰州市	0. 2684	0. 2798	0. 3245	0. 3401
嘉峪关市	0. 6420	3. 3035	0. 7109	1. 6905
金昌市	0. 2241	0. 2484	0. 2906	0. 3009
白银市	0. 1469	0. 1474	0. 1959	0. 1959
天水市	0. 2512	0. 4722	0. 3144	0. 5447
武威市	0. 2524	0. 2591	0. 3279	0. 3406
张掖市	0. 2435	0. 2471	0. 3274	0. 3276
平凉市	0. 2508	0. 3905	0. 3314	0. 5059
酒泉市	0. 3137	0. 3206	0. 4102	0. 4127

续表

地区	UCS	UVS	ECS	EVS
庆阳市	0.1741	0.2520	0.2341	0.3389
定西市	0.1425	0.1872	0.1925	0.2543
陇南市	0.1599	0.1882	0.2111	0.2496
临夏州	0.1990	0.2112	0.2446	0.2446
甘南州	0.1770	0.3305	0.2370	0.2887
银川市	0.2453	0.2501	0.3384	0.3454
石嘴山市	0.1749	0.1850	0.2505	0.2527
吴忠市	0.1415	0.1427	0.1991	0.1991
固原市	0.1610	0.1619	0.2215	0.2230
中卫市	0.1882	0.1913	0.2569	0.2614
乌鲁木齐市	0.2088	0.2572	0.2730	0.2940
克拉玛依市	1.0059	2.0558	1.0059	2.0558
吐鲁番市	0.3975	0.3978	0.4684	0.4684
哈密市	0.2060	0.2297	0.2838	0.2840
昌吉回族自治州	0.1571	0.1605	0.2225	0.2225
伊犁哈萨克自治州	0.1467	0.1663	0.2078	0.2316
博尔塔拉蒙古自治州	0.2364	0.2534	0.3313	0.3451
巴音郭楞蒙古自治州	0.2830	0.2851	0.3907	0.3907
克孜勒苏柯尔克孜自治州	0.1070	0.1303	0.1493	0.1493
沈阳市	0.2869	0.2906	0.3834	0.3936
大连市	1.0136	1.1286	1.0136	1.1286
鞍山市	0.1880	0.2064	0.2596	0.2861
抚顺市	0.2482	0.2614	0.3258	0.3258
本溪市	0.6829	1.0087	0.7472	1.0087
丹东市	0.2095	0.2108	0.2870	0.2870
锦州市	0.2542	0.2640	0.3446	0.3614
营口市	0.2582	0.2596	0.3508	0.3508
阜新市	0.1629	0.1661	0.2383	0.2402
辽阳市	0.2747	0.2803	0.3597	0.3677
盘锦市	0.4427	0.4455	0.5536	0.5561
铁岭市	0.1853	0.2033	0.2588	0.2858
朝阳市	0.3167	0.3522	0.3983	0.4513

续表

地区	UCS	UVS	ECS	EVS
葫芦岛市	0.1974	0.2102	0.2686	0.2869
长春市	0.1615	0.2014	0.2300	0.2887
吉林市	0.2403	0.2764	0.3362	0.3898
四平市	0.1999	0.2200	0.2930	0.3162
辽源市	0.1518	0.1625	0.2190	0.2190
通化市	0.1541	0.1581	0.2205	0.2266
白山市	1.6445	1.8158	1.8839	1.8965
松原市	0.1872	0.1887	0.2680	0.2680
白城市	0.1101	0.1138	0.1618	0.1649
延边朝鲜族自治州	0.2092	0.2275	0.2919	0.3111
哈尔滨市	0.2933	1.0160	0.4058	1.0123
齐齐哈尔市	0.1257	0.1392	0.1814	0.1934
鸡西市	0.2161	0.2431	0.2975	0.3194
鹤岗市	0.1266	0.1375	0.1787	0.1809
双鸭山市	0.1854	0.1954	0.2656	0.2758
大庆市	0.1830	0.1894	0.2625	0.2627
伊春市	0.4647	0.5298	0.5991	0.6501
佳木斯市	0.2096	0.2263	0.3003	0.3101
七台河市	0.1355	0.1667	0.1964	0.1964
牡丹江市	0.5159	1.0529	0.6006	1.0523
黑河市	0.2388	0.3568	0.3376	0.4789
绥化市	0.2361	0.4214	0.3300	0.5003
大兴安岭地区	1.4982	1.5906	1.9838	2.0686

后 记

本书是在我的博士论文基础上进一步修改完善而成，是在导师胡平波教授的悉心指导和严格要求下完成的。从题目的选择到研究思路和研究框架的确定，以及本书写作的整个过程中，胡老师以独到的学术视角提出了许多宝贵的意见。胡老师为人友善，师德高尚，学识渊博，治学严谨，体贴关爱学生，师从胡老师是我一生的荣幸，老师的为人、处事、治学等各方面均为我树立了榜样，必将激励和鞭策我开启新的人生历程，使我受益终生。在此，谨向恩师表示衷心的感谢和崇高的敬意！

光阴似箭，白驹过隙，不知不觉间走过了三年的博士求学生涯。三年的学习过程，对于已过不惑之年的我，期间有失落、有彷徨、有焦虑，但更多的是压力和牵挂。压力来自于多年来自己对专业知识和前沿理论知识学习的懈怠，致使自己深感在学术前行之路上举步维艰。牵挂来自于家人，特别是小女正处在性格形成和良好品质养成的关键期，家人需要我更多的关心和陪伴。但我深知“宝剑锋从磨砺出，梅花香自苦寒来”的道理，故以“天行健，君子以自强不息”之精神，“日出而作，夜深而寐”，所幸自己的顽强坚持，终以汗水收获了成长。在本书即将付梓之际，感慨之词溢于言表，特以此文记之。

在三年的博士学习期间，我有幸聆听了陶长琪教授、徐晔教授、盛积良教授等讲授的课程，感谢他们夯实我的经济学理论基础，特别是数量和计量经济学的理论模型和前沿知识，传授我治学和研究的方法并从论文开题到评阅给予的宝贵意见。同时，感谢我的博士论文匿名评审专家和答辩组专家提出的宝贵意见，感谢我在江西财经大学求学过程中遇到的所有老师。感谢同门师弟、师妹们和奋战在实验室的师兄、师姐、师弟、师妹们给予我的帮助与陪伴。

在本书的构思和撰写以及修改完善过程中，参考和引用了许多学者的成果和文献，在此向这些国内外专家表示诚挚的谢意！同时，感谢中国财政经济出版社的领导对本书的大力支持，特别要感谢出版社的编辑老师们对书稿逐字逐句的校对和斧正！

感谢江西省教育厅高校人文项目的资助，使本书的研究得以进一步深化和完善。同时，感谢宜春学院领导，感谢经管学院院长熊珍琴教授，感谢长期以来关心、支持和帮助我的同事和朋友们！

最后，我要感谢我的家人和亲友，你们的激励与包容是我奋斗的动力与源泉！思念并感谢已在天堂的父亲！博士生涯的结束是学术生涯的再启程，未来之途，我将继续努力前行！

钟漪萍

2020年2月于宜春